"十三五"职业教育汽车类专业"互联网+"创新教材

汽车概论

主　编　韩松畴　刘冬生　郭奇峰
副主编　金　荣　袁涛生　李选剑
参　编　黄国平　黄华文　陈崇月　陆晓平　莫禄金

机械工业出版社

本书系统地介绍了**汽车的诞生与发展**、**世界著名汽车公司与品牌**、**汽车的总体结构**和**汽车的发展方向**等方面的基本知识，同时每个章节都设置了思考与练习。本书用大量的图片诠释了汽车相关知识，增加了对汽车工业知识的介绍，可以培养读者对汽车的兴趣和爱好。

本书彩色印刷，并整合了移动多媒体技术，在书中相关资料文本或图附近设置了**二维码**。使用者用智能手机进行扫描，便可在手机屏幕上显示和教学材料相关的多媒体内容，可以方便读者理解相关知识，以便更深入地学习。

本书可作为职业院校汽车类专业的教学用书，也可作为职业技能培训和从事相关专业人员的参考用书。

为方便教学，本书配有电子课件，凡选用本书作为授课教材的教师均可登录 www.cmpedu.com 以教师身份免费下载，编辑咨询电话：010-88379201。

图书在版编目（CIP）数据

汽车概论/韩松畴，刘冬生，郭奇峰主编．—北京：机械工业出版社，2019.8（2025.6重印）

"十三五"职业教育汽车类专业"互联网+"创新教材

ISBN 978-7-111-62700-5

Ⅰ.①汽⋯　Ⅱ.①韩⋯②刘⋯③郭⋯　Ⅲ.①汽车-职业教育-教材　Ⅳ.①U46

中国版本图书馆 CIP 数据核字（2019）第 087269 号

机械工业出版社（北京市百万庄大街22号　邮政编码100037）
策划编辑：师　哲　责任编辑：师　哲
责任校对：陈　越　封面设计：张　静
责任印制：李　昂
北京中科印刷有限公司印刷
2025年6月第1版第11次印刷
184mm×260mm・8印张・192千字
标准书号：ISBN 978-7-111-62700-5
定价：39.00元

电话服务　　　　　　　网络服务
客服电话：010-88361066　机　工　官　网：www.cmpbook.com
　　　　　010-88379833　机　工　官　博：weibo.com/cmp1952
　　　　　010-68326294　金　书　网：www.golden-book.com
封底无防伪标均为盗版　　机工教育服务网：www.cmpedu.com

前言

随着人类的进步和社会经济的发展，汽车在我国快速进入千家万户，社会生产和人民生活的各个领域对汽车的依赖越来越高。近几年，我国汽车产销量大幅度增加，已连续多年位居世界第一位，显示了我国汽车工业在世界经济发展中的重要作用。随着国内外各大汽车公司在激烈竞争中进一步整合，汽车新技术和新结构不断涌现，特别是新能源汽车和智能汽车的快速发展，汽车专业教学内容、教学理念、教学模式以及广大学生对汽车知识的追求发生了变化。本书立足于以人为本，以就业为导向的原则，根据广大师生的要求，精选学生终身受用的基础理论和基本知识，突出实用性、新颖性和趣味性，按照学生的认知规律，由表及里、由浅入深地组织相关内容，力争为专业知识学习打下良好的基础，提高学生学习专业知识的兴趣。

本书内容丰富、图文并茂、通俗易懂、实用性强，系统地介绍了汽车基本知识，主要内容包括汽车的诞生与发展、世界著名汽车公司与品牌、汽车的总体结构、汽车的发展方向等。

本书由海南省机电工程学校韩松畴、刘冬生、郭奇峰担任主编，其中刘冬生有8年企业工作经历，有丰富的汽车维修实践经验，是双师型教师。金荣、袁涛生、李选剑担任副主编，王中磊主审。参加编写的还有黄国平、黄华文、陈崇月、陆晓平、莫禄金。

本书在编写过程中进行了大量的汽车维修企业调研，掌握了大量的汽车维修方面的技术要求与行业最新动态，并较好地融入教材，同时参阅了一些文献资料，在此向相关作者表示衷心的感谢。

限于编者水平有限，书中错漏之处在所难免，恳请广大读者提出宝贵的意见和建议。

编 者

目 录

前言

第一章 汽车的诞生与发展 ... 1
  第一节 汽车的诞生 ... 2
  思考与练习 ... 7
  第二节 汽车工业的发展 ... 8
  思考与练习 ... 12
  第三节 中国汽车工业的发展 ... 14
  思考与练习 ... 17

第二章 世界著名汽车公司与品牌 ... 18
  第一节 欧洲著名汽车公司与品牌 ... 19
  思考与练习 ... 29
  第二节 美洲著名汽车公司与品牌 ... 31
  思考与练习 ... 36
  第三节 亚洲著名汽车公司与品牌 ... 37
  思考与练习 ... 42
  第四节 中国著名汽车公司与品牌 ... 44
  思考与练习 ... 54

第三章 汽车的总体结构 ... 56
  第一节 汽车概述 ... 57
  思考与练习 ... 60
  第二节 汽车发动机的认知 ... 61
  思考与练习 ... 76
  第三节 汽车底盘的认知 ... 78
  思考与练习 ... 90
  第四节 汽车电气设备的认知 ... 92

目 录

　　思考与练习 ·· 98
　　第五节　汽车车身的认知 ··· 99
　　思考与练习 ·· 103

第四章　汽车的发展方向 ·· 104
　　第一节　节能与新能源汽车的认知 ·· 105
　　思考与练习 ·· 113
　　第二节　智能汽车的认知 ·· 114
　　思考与练习 ·· 119

参考文献 ·· 120

第一章 / Chapter 1
汽车的诞生与发展

第一节 汽车的诞生

一、车轮和车

1. 车轮的发展

最早的车轮是从粗圆木上锯下圆木桩当作滚轮,如图 1-1 所示。公元前 1600 年,埃及人首先使用了轮辐和轮缘来加固木制车轮,如图 1-2 所示。随着钢铁的出现,木轮发展成为钢制轮,钢制轮外加橡胶轮胎,内充空气,车轮日趋完善。

▲ 图 1-1 最早的车轮

▲ 图 1-2 带轮辐和轮缘的木制车轮

2. 马车的发展

车辆与车轮几乎是同时出现的,早期的车辆是人力的,后来马车出现了。一直到 19 世纪,马车仍然是城市交通中十分重要的交通工具,欧洲国家主要使用的是四轮马车(图 1-3),而中国主要使用的是两轮马车(图 1-4)。

二、蒸汽机的诞生

蒸汽机是将蒸汽的能量转换为机械能的往复式动力机械。蒸汽机的出现引发了 18 世纪的工业革命。直到 20 世纪初,它仍然是世界上最重要的原动机,后来才逐渐被内燃机和汽轮机等取代。

1712 年,英国人托马斯·纽科门发明了蒸汽机,被称为纽科门蒸汽机,如图 1-5 所示。

第一章　汽车的诞生与发展

▲ 图1-3　四轮马车

▲ 图1-4　两轮马车

　　1757年，木匠出身的技工詹姆斯·瓦特（图1-6）被英国格拉斯戈大学聘为实验室技师，有机会接触了纽科门蒸汽机，并对纽科门蒸汽机产生了兴趣。1769年，瓦特与博尔顿合作，发明了装有冷凝器的蒸汽机。1774年11月，他俩又合作制造了真正意义上的蒸汽机，如图1-7所示，并为汽轮机和内燃机的发展奠定了基础。

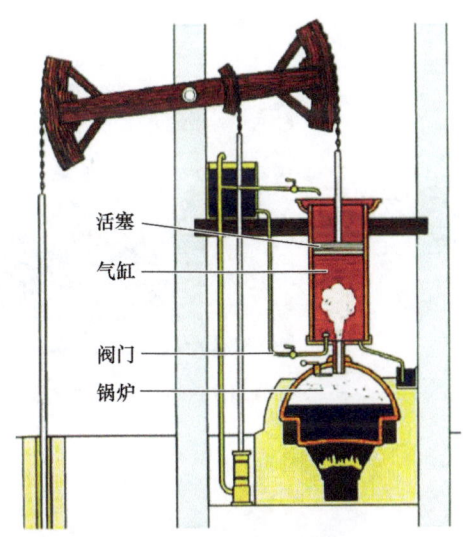
▲ 图1-5　纽科门蒸汽机

▲ 图1-6　詹姆斯·瓦特

三、蒸汽汽车的诞生

　　1769年，法国人居纽（图1-8）制造了世界上第一辆蒸汽驱动的三轮汽车，如图1-9所示。这辆汽车被命名为"卡布奥雷"，车长7.32m，车高2.2m，车架上放置着一个像梨一样的大锅炉，前轮直径为1.28m，后轮直径为1.50m，前进时靠前轮控制方向，每前进12~15min需停车加热15min，运行速度为3.5~3.9km/h。1771年他造出了第二辆车，但没有真正行驶过，现置于法国巴黎国家艺术馆展出。

　　到1804年，脱威迪克又设计并制造了一辆蒸汽汽车，这辆汽车还承载着10t重的货物在铁路上行驶了15.7km。

　　1825年，英国人斯瓦底·嘉内制造了一辆蒸汽公共汽车，如图1-10所示，共设18座，最高车速为 19km/h，开始了世界上最早的公共汽车的运营。

▲ 图 1-7　真正意义上的蒸汽机

▲ 图 1-8　居纽

▲ 图 1-9　居纽研制的蒸汽驱动的汽车

▲ 图 1-10　斯瓦底·嘉内制造的蒸汽公共汽车

四、内燃机的发明

1794 年，英国人斯垂特首次提出把燃料和空气混合形成可燃混合气以供燃烧的设想。

1859 年，法国的勒努瓦用煤气和空气混合气取代了往复式蒸汽机的蒸汽，通过电火花点火燃烧，制成了二冲程煤气内燃机。

1861 年，法国的德·罗夏提出了进气、压缩、做功、排气等容燃烧的四冲程内燃机工作循环方式，并于 1862 年 1 月 16 日被法国当局授予了专利。

1866 年，德国工程师尼古拉斯·奥托（图 1-11）成功试制出动力史上具有划时代意义的立式四冲程内燃机。1876 年，又试制出第一台实用的活塞式四冲程煤气内燃机。这台单缸卧式功率为 2.9kW 的煤气机，压缩比为 2.5，转速为 250r/min，被称为奥托内燃机，如图 1-12 所示。奥托于 1877 年 8 月 4 日获得专利。后来，人们一直将四冲程循环称为奥托循环。

第一章 汽车的诞生与发展

▲ 图1-11 尼古拉斯·奥托

▲ 图1-12 奥托内燃机

1883年，德国人戈特利布·戴姆勒在好朋友威廉·迈巴赫的帮助下，在奥托四冲程内燃机的基础上，使用汽油作为燃料改进开发了第一台汽油机（图1-13）。后来他们还制成了世界上第一台轻便小巧的化油器式、电点火的小型汽油机，转速达到了当时创纪录的750r/min，这也为汽车找到了一种最为理想的动力源。

1897年，德国工程师鲁道夫·狄塞尔（图1-14）摘取了"柴油机发明者"的桂冠，他成功地试制出世界上第一台柴油机

▲ 图1-13 第一台汽油机

（图1-15）。柴油机是动力工程方面的又一项伟大的发明，它的出现不仅为柴油找到了用武之地，

▲ 图1-14 鲁道夫·狄塞尔

▲ 图1-15 第一台柴油机

而且它比汽油机省油、动力大、污染小，是汽车又一颗良好的"心脏"。鲁道夫·狄塞尔的发明改变了整个世界，后人为了纪念狄塞尔的功绩，将柴油机称为"狄塞尔"（英语的 diesel 即为柴油机的意思）。

五、内燃机汽车的诞生

1. 第一辆汽车的诞生

1886 年，卡尔·本茨（图 1-16）在德国曼海姆制成了世界上第一辆三轮汽车（图 1-17）。1886 年 1 月 29 日，本茨正式取得德国的汽车专利证，这一天也被公认为是汽车的诞生日。

本茨的汽车为三轮汽车，采用一台二冲程单缸汽油机，此车具备了现代汽车的一些特点，如水冷循环、钢管车架、钢板弹簧悬架、后轮驱动、前轮转向和制动把手等。但该车的性能并不完善，行驶速度、装载能力、爬坡性能也不太如意，而且在行驶中经常出故障。但是，它的巨大贡献不在于其本身所达到的性能，而在于观念的变化，就是自动化的实现和内燃机的使用，因为这种车能自己行走，所以人们用希腊语中的 Auto（自己）和拉丁语中的 Mobile（会动的）构成复合词来解释这种类型的车，这就是 automobile 一词的由来。

本茨的第一辆三轮汽车是世界上最早的汽车雏形，这辆汽车被收藏在德国的本茨汽车博物馆内。本茨也被世人尊称为"汽车之父"。

▲ 图 1-16　卡尔·本茨

▲ 图 1-17　卡尔·本茨的三轮汽车

2. 第一辆四轮汽车的诞生

1885 年，戈特利布·戴姆勒（图 1-18）发明了第一辆四轮汽车。1886 年，戴姆勒将马车加以改善，增添了传动、转向等必备机构，装上了一台功率为 1.10kW 的汽油机，使其成为世界上第一辆没有马拉的"马车"——汽车，第一辆实用汽车终于诞生了，并被命名为"戴姆勒 1 号"，如图 1-19 所示。

本茨和戴姆勒是人们公认的以内燃机为动力的现代汽车的发明者，他们的发明创造是汽车发展史上最重要的里程碑。

第一章 汽车的诞生与发展

▲ 图1-18 戈特利布·戴姆勒

▲ 图1-19 戴姆勒的四轮汽车

思考与练习

一、填空题

1. 本茨和_____是人们公认的以内燃机为动力的现代汽车的发明者。
2. _____与博尔顿合作，发明了真正意义上的蒸汽机。
3. 1876年，_____试制出第一台实用的活塞式四冲程内燃机。
4. 1885年，_____发明了第一辆四轮汽车。

二、判断题

1. 德国工程师鲁道夫·狄塞尔发明了第一台柴油机。（ ）
2. 第一个试制汽油汽车的人是法国的爱德华·米其林。（ ）
3. 柴油机是由奥托发明的。（ ）
4. 世界公认的汽车诞生日是1886年1月29日。（ ）
5. 1712年，英国人托马斯·纽科门发明了蒸汽机，被称为纽科门蒸汽机。（ ）

三、选择题

1. 第一辆现代汽车诞生在（   ）。
   A. 法国   B. 德国   C. 中国   D. 英国
2. 世界上第一辆四轮汽车的名字叫（   ）。
   A. 戴姆勒1号   B. 奔驰1号   C. 超音速汽车   D. 威廉一号
3. 世界上第一台内燃机是以（   ）为燃料的。
   A. 乙醇   B. 柴油   C. 煤气   D. 汽油
4. 被誉为汽车之父的是（   ）。
   A. 波尔舍   B. 福特   C. 法拉利   D. 本茨
5. （   ）年，德国人戴姆勒在好朋友迈巴赫的帮助下，通过改进开发了第一台汽油机。
   A. 1883   B. 1885   C. 1886   D. 1896

7

第二节 汽车工业的发展

一、汽车手工装配小量生产

1887年法国庞哈德·莱瓦索马车制造公司获得戴姆勒高速汽油机在法国生产的专利权。按买主要求,依靠技巧娴熟的工匠手工装配每辆各不相同的轿车。

1889年庞哈德·莱瓦索马车制造公司生产的汽车可称得上是现代汽车的原型,如图1-20所示。其发动机放在车前部,乘客分排坐在后面,装备有离合器、变速器和后驱动轴。当时的法国巴黎道路宽阔,又讲究奢华风尚,这带动了汽车需求,使该公司汽车产量大增。

▶ 图1-20 庞哈德·莱瓦索汽车

1894年庞哈德·莱瓦索马车制造公司每年能生产几百辆汽车,是世界上领先的汽车公司。

1900年前,继德国、法国之后,美国、英国和意大利也出现了多家这种作坊式的汽车生产公司,1900年欧美共生产汽车9504辆。

二、汽车首次大批量生产

1896年亨利·福特(图1-21)试制出第一台汽车。1903年建立福特汽车公司。初期,租赁马车制造厂做总装厂,装配两座带篷船式车身的A型车,售价850美元。发动机、化油器、变速器、车桥、车身均外购。后来建设了比凯·阿庇纽三层式厂房:一层机加工缸体、曲轴等18个大件;二层机加工小件;三层最后组装。

1908年,亨利·福特及其伙伴将奥尔兹、利兰以及其他人的设计和制造思想结合成为一种新型汽车——T型车,如图1-22所示,一种不加装饰、结实耐用、容易驾驶和维修、可在乡间道路行驶、满足大众市场需求的低价位车。T型车装有功率为14.7kW的4缸汽油机,前置于发动机罩内,搭载了两前进档一倒档的行星齿轮变

▶ 图1-21 亨利·福特

第一章　汽车的诞生与发展

速器，采用充气轮胎，拥有双排座带篷船式车身。

▶ 图1-22　早期的福特T型车

1909年开始T型车单一品种生产，当年售价950美元，年产量达万辆。1914年，亨利·福特将泰勒的生产流水线技术运用到汽车上，这种技术被后人称为装配线，如图1-23所示。装配线不仅有助于在装配过程中通过生产设备使零部件连续流动，而且便于对制造技能进行分工，把复杂技术简化、程序化。组装1辆汽车由原来的750min缩短为93min，工厂单班生产能力达1212辆。当时福特汽车公司有专用机床约1.5万台，工人1.5万人，图1-24所示为工人在流水线上工作。

▶ 图1-23　福特的汽车装配线

▶ 图1-24　工人在流水线上工作

与此同时，福特汽车公司调整销售组织，在销售服务子公司的基础上，开设本地组装厂，把从底特律运来的散件组装成汽车。这样，可以用普通货车运输散件，大量削减了运输费用，而且节省了在底特律的占库面积。大批量生产和分装使生产成本逐年下降，1924年底T型车售价下降到290美元。1917年福特汽车公司市场占有率达到42%，1921年达55.45%，成为当时美国最大的汽车制造商。T型车1927年停产前共售出1500万辆，同一车型连续生产长达19年，这是T型车和大批量生产创造的辉煌。

三、汽车技术的发展时期

20世纪20年代，美国杜森伯格、帕卡德、林肯和凯迪拉克等公司按顾客意愿设计车身，服务于经济富裕买主；欧洲豪华型轿车制造公司劳斯莱斯等竞相设计豪华车型，如英国宾利、法国布加迪、意大利阿尔法·罗密欧等，还有专为赛车手推出的车型。1922年英国推出奥斯汀7（图1-25）挑战福特T型车。

1922年美国哈得逊公司率先出售封闭式厢形轿车，如图1-26所示。这种形式的车身很受欢迎，1923年在美国市场占有率超过传统的敞篷式轿车，到1929年在美国市场占有率高达90%。

同时期，轿车车身不断加长，还出现了新型大客车。1921年美国加利福尼亚州奥克兰汽车公司制造出第一辆真正意义上的大客车。这种车具有低车架，轮距、轴距更长，轮胎胎面宽，发动机前置的特点。4年后该公司又制造出一辆整体式构架（车顶、侧壁和地板均为承载构件的全承载式车身并与底盘完整结合）的大客车，发动机置于地板下，空出了车厢内部空间，驾驶室在车辆最前方，便于驾驶且有利于行车安全。

▲ 图1-25　奥斯汀7

▲ 图1-26　封闭式厢形轿车

随着汽车车身结构的演变，在汽车使用材料方面主要应用了薄钢板轧制新技术。1923～1929年美国新建了约650座新工艺薄板轧制厂。其次，平板玻璃连续处理技术，让汽车用上了安全玻璃。另外，汽车涂装的快速干燥技术以及汽车燃油高辛烷值炼制工艺，为提高发动机设计水平提供了有力支撑。

1920年杜森伯格公司在四个车轮上全部采用液压制动器。在此之前，仅后轮装制动器便可满足当时稀疏交通和低速行车的需要。随着车速的提高，四轮液压制动逐步普及，直到20世纪30年代才全部取代拉索连杆式后轮制动方式。汽车自动起动技术是1912年凯迪拉克公司首先采用的。1927年帕卡德公司开始在后驱动桥上采用双曲线齿轮，其大大降低了传动轴、地板和车身高度，使得整车重心下降，提高了高速行车的稳定性。低压轮胎取代了早期汽车使用的硬质、高压胎。

四、汽车产品的多样化时期

汽车产品的多样化时期为20世纪50年代开始至20世纪70年代。20世纪50年代，美国汽车业已形成"通用""福特""克莱斯勒"三大公司鼎立的局面，并且以压倒性的优势雄居世界汽车市场前列。同时期的欧洲各国厂商也开始实行"量产化"，另外，欧洲各国厂商具有卓越的产品设计能力，从而生产出各式各样的跑车，转而销往美国。

这一时期，美国出现了搭载大排量V8发动机、具有强劲动力、外形富有肌肉感的各式跑车——肌肉车型，美国人称其为"Muscle Car"，如雪佛兰科迈罗（Camaro），道奇挑战者

第一章 汽车的诞生与发展

（Dodge Challenger）（图 1-27）以及福特野马（Mustang）等。

欧洲各国汽车设计轻巧，各具特色，燃油消耗低，是主要的出口工业品，例如德国大众生产的甲壳虫（图 1-28），英国的希尔曼、莫里斯，法国的雷诺，意大利的菲亚特等。20 世纪 60 年代英国奥斯汀迷你小型轿车（图 1-29）采用发动机前横置、前轮驱动结构，使之占用空间更小，车子更紧凑，这种形式成为当代轿车的标准布置方式。欧洲各国还制造了多款跑车，如英国的捷豹和奥斯汀·希利，德国的宝马（图 1-30）、保时捷和奔驰，意大利的菲亚特和阿尔法·罗密欧。这类车行驶性能优越，采用了很多新技术，如捷豹 C 型跑车采用了盘式制动器。到 20 世纪 70 年代，前轮盘式制动器已成为轿车的标准配置。

▲ 图 1-27　道奇挑战者（Dodge Challenger）

▲ 图 1-28　大众甲壳虫汽车

▲ 图 1-29　英国的迷你小型轿车

▲ 图 1-30　宝马 507 跑车

日本的石油完全依赖进口，所以主要发展了省油的小型车和柴油商用车。日本引进欧美先进产品和制造技术，把美国管理技术融合为日本方式，推行全面质量管理，整合零部件和

11

汽车概论

材料供应商，形成了系列化协作配套体系。1963年丰田汽车公司全面推行把工件号、数量、时间、工程和用途等指令计入看板，实现了精益生产方式，这是组织汽车生产的又一重要技术进步。1973年日本出口汽车达到200万辆，其中轿车达到145万辆。

五、汽车产品低价格时期

1973年、1979年世界出现两次石油危机，汽车需求锐减，小型省油汽车市场看好，对世界汽车发展和汽车工业格局影响很大。

日本生产的小型汽车耐用、便宜、性价比高，符合排放、安全标准，尤其是省油的特点，深受国际市场欢迎，特别是对美国出口量猛增。1980年日本汽车出口近600万辆，汽车产量达1100万辆，首次超过美国居世界第一位，并保持到1993年，1994年被美国超过。

石油危机极大地促进了汽车节能技术，尤其是优化排放等技术的发展。例如：发展小型汽车，减轻汽车自重，提高汽车传动效率，无内胎钢丝子午线轮胎普及化并改善轮胎花纹，降低汽车风阻；发动机的稀薄燃烧和电子控制配气、供油与点火以及增压技术，采用热效率比汽油机高的柴油机；使用压缩天然气，液化石油气，掺烧甲醇、乙醇、植物油等代用燃料；开发纯电动汽车和燃料电池汽车等新能源汽车。

六、汽车全球化时期

1998年德国戴姆勒-奔驰公司和美国克莱斯勒汽车公司合组成立戴-克集团；1999年美国福特汽车公司收购瑞典沃尔沃公司轿车事业部；法国雷诺集团向日本日产汽车公司出资36.8%，向日产柴油机工业公司出资22.5%。至此，全球形成6+3汽车集团格局，即通用、福特、戴-克、丰田、大众和雷诺6个集团化程度高的大集团，及本田、宝马和标致-雪铁龙3个集团化程度小的公司。但金融危机加速了全球汽车版图调整的速度，其中，克莱斯勒分立两年后无法独立生存重新被菲亚特整合；而通用汽车和福特汽车不断分拆出售自己的下属子品牌或资产以自保。一系列变化导致全球汽车产业出现新的"6+3+X"的格局。新的6大集团包括日本丰田集团、德国大众集团、新通用集团、新福特集团、雷诺-日产联盟以及新的菲亚特-克莱斯勒联盟。新的3小集团包括现代-起亚、本田和标致-雪铁龙。另外，戴姆勒、宝马、包括铃木在内的多家日本企业、不断成长的中国和印度新兴市场的汽车公司也是全球汽车版图中不可忽视的力量。

思考与练习

一、填空题

1. _____年法国庞哈德·莱瓦索马车制造公司获得_____高速汽油机在法国生产的专利权。

2. _____年亨利·福特试制出第一台汽车，_____年建立福特汽车公司。

3. 1914年，亨利·福特将泰勒的生产流水线技术运用到汽车上，这种技术被后人称为_____。

第一章 汽车的诞生与发展

4. 在汽车产品的多样化时期，_____汽车设计轻巧，各具特色，燃油消耗低，是主要的出口工业品。

5. 在汽车技术的发展时期，欧洲豪华型轿车制造公司设计了如英国_____、法国_____、意大利阿尔法·罗密欧等豪华车型。

二、判断题

1. 汽车发展史上第一种普及车型是福特T型车。（　　）
2. 采用发动机前横置，前轮驱动结构，使之占用空间更小，车子更紧凑的车型是大众甲壳虫汽车。（　　）
3. 汽车自动起动这项技术是1912年福特公司首先采用的。（　　）
4. 1999年美国福特汽车公司收购瑞典沃尔沃公司轿车事业部。（　　）

三、选择题

1. （　　）年，亨利·福特及其伙伴将奥尔兹、利兰以及其他人的设计和制造思想结合成为一种新型汽车——T型车。
   A. 1905　　　　B. 1908　　　　C. 1900　　　　D. 1910

2. 在汽车产品低价格时期，（　　）生产的小型车耐用、便宜、性价比高，符合排放、安全标准，尤其是省油的特点，深受国际市场欢迎。
   A. 美国　　　　B. 德国　　　　C. 英国　　　　D. 日本

3. 法国雷诺集团与日本（　　）汽车公司重组，组成新的汽车联盟。
   A. 丰田　　　　B. 本田　　　　C. 日产　　　　D. 铃木

第三节 中国汽车工业的发展

一、早期的中国汽车

我国现在保存最早的汽车——存放在颐和园的慈禧太后的座驾,被人冠以"中国第一车"的美名,如图 1-31 所示。该车是德国本茨汽车公司 1898 年的产品,设有 4 个座位,发动机在前排底座下方,通过链条驱动后轮。汽车的造型还算气派,但谈不上豪华,采用开式车身,6 根垂直的杆子支起一个精美的顶棚,车头还挂着两盏精美的黄铜煤油灯,更为出色的是钢板弹簧悬架和 4 只充满气体的轮胎大大提高了汽车的平顺性。

▲ 图 1-31 慈禧太后的"中国第一车"

1903 年以后,上海陆续出现了从事汽车或零部件销售、汽车出租的洋行。1929 年汽车进口量已达 8781 辆,世界各国汽车蜂拥而入,1930 年中国汽车保有量为 38484 辆,却没有一辆国产汽车,不少有志之士都想制造中国的汽车,但是都没能实现。

1928 年,张学良在辽宁迫击炮厂成立了民用工业制造处,后改称为辽宁民生工厂,试制汽车。中国人当时还没有生产汽车的经验,于是聘请了美国人为总工程师。1929 年 3 月,民生工厂引进了一辆美国"瑞雷号"汽车进行装配实验,并以该车为样板,于 1931 年试制成功了一辆命名为"民生牌"75 型汽车,如图 1-32 所示。它开辟了中国人试制汽车的先河。

第一章 汽车的诞生与发展

▲ 图 1-32 "民生牌"75 型汽车

继"民生牌"汽车以后，20 世纪 30 年代国产汽车试制工作在国内许多地方展开，但均以失败告终。新中国成立后，才建立和发展了中国的汽车工业。

二、新中国的汽车工业

1. 中国汽车工业创建阶段（1953～1965 年）

1953 年 7 月 15 日在吉林省长春市打下建设中国第一汽车制造厂（现一汽）的第一根桩，拉开了新中国汽车工业筹建工作的帷幕。经过建设者们的艰苦努力，1956 年 7 月 13 日，第一辆解放 CA10 型载货汽车成功下线，如图 1-33 所示。这标志着中国不能制造汽车的历史从此结束，圆了中国人自己生产国产汽车的梦，图 1-34 为第一辆载货汽车出厂时的情景。

▲ 图 1-33 解放 CA10 型载货汽车

▲ 图 1-34 第一辆载货汽车出厂时的情景

1957 年 5 月，一汽开始仿照国外样车自行设计轿车；1958 年先后试制成功 CA71 型东风小轿车和 CA72 型红旗高级轿车，如图 1-35 所示。红旗高级轿车被列为国家礼宾用车，并用作国家领导人乘坐的庆典检阅车，如图 1-36 所示。

1958 年以后，中国汽车工业出现了新的情况，由于国家实行企业下放，各省市纷纷利用汽车配件厂和修理厂仿制和拼装汽车，形成了中国汽车工业发展史上第一次"热潮"，成立了一批汽车制造厂、汽车制配厂和改装车厂，汽车制造厂由当初（1953 年）的 1 家发展

15

为16家（1960年），维修改装车厂由16家发展为28家。其中，南京、上海、北京和济南4个较有基础的汽车制配厂，经过技术改造成为继一汽之后第一批地方汽车制造厂，发展汽车产品，同时相应地建立了一批专业化生产模式的总成和零部件配套厂。

▲ 图1-35　CA72型红旗高级轿车

▲ 图1-36　红旗庆典检阅车

各地方发挥自己的力量，在修理厂和配件厂的基础上进行扩建和改建所形成的这些地方汽车制造企业，丰富了中国汽车产品的构成，使中国汽车不但有了中型车，而且有了轻型车和重型车，还有各种改装车，满足了国民经济的需要，为今后发展大批量、多品种生产协作配套体系打下了初步基础。

2. 中国汽车工业成长阶段（1966~1980年）

1969年，开始建设以生产越野汽车为主的第二汽车制造厂（现东风汽车集团），二汽是我国汽车工业第二个生产基地，与一汽不同，二汽是依靠我国自己的力量创建起来的工厂（由国内自行设计、自己提供装备）。一个崭新的大型汽车制造厂在湖北省十堰市兴建和投产，当时主要生产中型载货汽车和越野汽车。二汽拥有约2万台设备，100多条自动生产线，只有1%的关键设备是引进的。二汽的建成，开创了中国汽车工业以自己的力量设计产品、确定工艺、制造设备、兴建工厂的纪录，检验了整个中国汽车工业和相关工业的水平，标志着中国汽车工业上了一个新台阶。

1976年，全国汽车生产厂家增加到53家，专用改装厂增加到166家，但每个厂平均年产量不足千辆，大多数在低水平上重复。从1964年起，上海汽车厂批量生产了上海牌（原凤凰牌）轿车，逐渐形成5000辆的年产水平，同时，上海一批零部件厂和附配件厂也随着汽车工业的发展而相继成长。

汽车工业经过这一阶段的摸索成长，1980年全国汽车产量约22.2万辆，是1965年的5.48倍；1966~1980年生产汽车累计163.9万辆；汽车生产向多品种、专业化发展，生产厂近200家；1980年大中轻型客车全国产量约1.34万辆，其中长途客车6000多辆；1980年全国民用汽车保有量169万辆，其中载货汽车148万辆。

3. 中国汽车工业全面发展阶段（1981~1998年）

在改革开放方针指引下，汽车工业进入全面发展阶段，主要体现为：老产品（如解放、跃进和黄河车型）升级换代；调整商用车产品结构，改变"缺重少轻"的生产格局；建设轿车工业，引进资金和技术，国产轿车形成生产规模；行业管理体制和企业经营机制进行改革，汽车品种、质量和生产能力大幅提高。

第一章 汽车的诞生与发展

4. 中国汽车工业高速增长阶段（1999 年至今）

在此期间，我国的汽车工业尤其是轿车工业技术进步的步伐大大加快，新车型层出不穷；科技发展加快，整车技术特别是环保指标大幅度提高，电动汽车开发初见成效；与国外汽车巨头的生产与营销合作步伐明显加快，引进国外企业的资金、技术和管理的力度不断加深；企业组织结构调整稳步前进。经过十几年的发展演变，如今初步形成了"3+X"的格局，"3"是指一汽、东风、上汽 3 家企业为骨干，"X"是指广汽、北汽、长安、奇瑞、吉利、比亚迪、长城、华晨等一批企业。

思考与练习

一、填空题

1. ＿＿＿＿＿＿年以后，上海陆续出现了从事汽车或零部件销售、汽车出租的洋行。
2. ＿＿＿＿＿＿年 7 月 13 日，第一辆解放 CA10 型载货汽车成功下线，标志着中国不能制造汽车的历史从此结束。
3. 1964 年，国家在湖北省十堰市兴建了以生产载货汽车和越野汽车为主的＿＿＿＿厂。

二、判断题

1. 第一汽车制造厂位于吉林省长春市。　　　　　　　　　　　　　　　　（　　）
2. 第二汽车制造厂位于上海市。　　　　　　　　　　　　　　　　　　　（　　）
3. 在中国汽车工业全面发展阶段，主要体现建设轿车工业，引进资金和技术，国产轿车形成生产规模等。　　　　　　　　　　　　　　　　　　　　　　　　（　　）
4. 在中国汽车工业高速增长阶段，初步形成了"5+X"的汽车制造格局。（　　）

三、选择题

1. 张学良在辽宁省于 1931 年试制成功了一辆命名为（　　）75 型汽车。
   A. 丰田　　　　　B. 福特　　　　　C. 民生　　　　　D. 民族
2. 新中国第一辆汽车在（　　）成功下线。
   A. 长春　　　　　B. 武汉　　　　　C. 上海　　　　　D. 广州
3. 1957 年 5 月，一汽开始仿照国外样车自行设计轿车；1958 年先后试制成功 CA71 型东风小轿车和 CA72 型（　　）高级轿车。
   A. 解放　　　　　B. 红旗　　　　　C. 民生　　　　　D. 民族
4. 新中国成立后下线的第一辆货车是（　　）牌。
   A. 解放　　　　　B. 红旗　　　　　C. 民生　　　　　D. 东风
5. 中国汽车工业全面发展阶段是（　　）
   A. 1953～1965 年　B. 1966～1980 年　C. 1953～1980 年　D. 1981～1998 年

17

第二章 / Chapter 2

世界著名汽车公司与品牌

第一节

欧洲著名汽车公司与品牌

一、戴姆勒-奔驰汽车公司

戴姆勒-奔驰汽车公司的创始人是卡尔·本茨和戈特利布·戴姆勒，总部设在德国的斯图加特市，它的前身是1886年成立的奔驰汽车厂和戴姆勒汽车厂。1926年两厂合并后，叫戴姆勒-奔驰汽车公司，成为强强联合的首创者。现在，奔驰汽车公司除以高质量、高性能豪华汽车闻名外，它也是世界上最著名的大客车和重型载重汽车的生产厂家。1998年，与美国的克莱斯勒公司合并成"戴姆勒-克莱斯勒"公司。2007年5月18日，戴姆勒与克莱斯勒两集团再度分家。

戴姆勒-奔驰汽车公司旗下拥有梅赛德斯-奔驰、精灵（smart）、AMG和乌尼莫克等汽车品牌。

1. 梅赛德斯-奔驰

梅赛德斯-奔驰（Mercedes-Benz），是戴姆勒-奔驰汽车公司旗下最为重要的汽车品牌。"梅赛德斯"是一个奥地利小女孩（图2-1）的名字，她的父亲是一位奥地利商人，叫艾米尔·耶利内克。1900年戴姆勒汽车公司与耶利内克签署协议，耶利内克向戴姆勒汽车公司订购了36辆汽车，而后他又订了36辆。但是，他有一个要求，戴姆勒汽车的名字，用法语说，鼻音太重，显得很笨拙，很难入耳。而梅赛德斯这个名字，法国人很熟悉，听起来也很令人悦耳，显得高雅。鉴于这么一大笔生意，于是戴姆勒汽车公司同意专门为耶利内克开发新的汽车，并且命名为梅赛德斯。耶利内克从此被称为"Mercedes之父"。

▶ 图2-1 梅赛德斯

戴姆勒-奔驰汽车公司成立后，所用车标是将原戴姆勒汽车公司商标和奔驰汽车公司商标进行了综合，如图2-2所示，在两个嵌套的圆中含有一颗三叉星，"MERCEDES"字样在上，"BENZ"字样在下，两者之间用月桂枝树叶相连。

现在戴姆勒-奔驰汽车公司和汽车车标，是简化了的形似转向盘的一个环形圆包围着三叉星车标，如图2-3所示。

汽车概论

a)

b)

c)

▲ 图 2-2　戴姆勒—奔驰商标的演变
a) 原戴姆勒商标　b) 原奔驰商标　c) 综合后的戴姆勒—奔驰商标

▲ 图 2-3　奔驰汽车车标

小知识

梅赛德斯-奔驰汽车目前拥有 12 个系列，百余种车型：C 级（小型轿车）（图 2-4）、E 级（中级轿车）、S 级（高级轿车）、M 级（SUV）、G 级（越野车）（图 2-5）、V（多功能厢式车）、SLK（小型跑车）、CLK（中型跑车）、SL（高级跑车）等。

▲ 图 2-4　奔驰 C 级轿车

▲ 图 2-5　奔驰 G 级越野车

2. 精灵（smart）

精灵由斯马特（smart）汽车有限公司生产，作为戴姆勒-奔驰汽车公司的全资子公司，成立于 1994 年。smart 是梅赛德斯-奔驰汽车公司和斯沃琪（Swatch）公司（手表公司）创意合作的产物，字母 S 代表斯沃琪公司，M 代表梅赛德斯公司，而 art 是艺术的意思，在英语中 smart 有灵敏、聪慧的含义。其管理中心设在德国斯图加特市，生产工厂则在相距不远的法国海姆巴赫市。迄今为止，已有超过 100 万辆 smart 汽车在全球 37 个国家售出。2008 年第十届北京国际汽车展览会上，smart 首次登陆中国。它主要生产微型车，古灵精怪、小巧玲珑，经济而又不失时尚，是大众对于 smart 的印象，如图 2-6 所示。

二、大众汽车公司

大众汽车公司创建于 1937 年 5 月，是德国最大的汽车生产集团，创始人是费迪南德·波尔舍。1938 年，大众汽车新厂在沃尔夫斯堡奠基，由波尔舍主持建设，并于 1939 年建

第二章 世界著名汽车公司与品牌

▶ 图2-6 smart汽车

成。目前，大众汽车公司旗下拥有大众、奥迪、保时捷、兰博基尼、宾利、斯柯达、西亚特和布加迪等汽车品牌。

1. 大众

大众汽车的德文是"Volkswagenwerk"，意为大众使用的汽车，车标（图2-7）是德文单词中的两个字母V和W的叠合，并嵌套在一个圆内，也标志着由中指和食指做出的"V"形，表示该公司及其产品必胜—必胜—必胜。

▶ 图2-7 大众汽车车标

> **小知识**
>
> 大众品牌下的主要车系有辉腾、途锐、途观、帕萨特、迈腾、速腾、新甲壳虫、宝来、捷达、桑塔纳、高尔夫等，如图2-8所示。
>
>
>
> ▶ 图2-8 大众品牌下的主要车系

21

2. 奥迪

1899年，奥古斯特·霍希在科隆创建了霍希（HORCH）汽车公司。后来，霍希在1909年6月离开了自己创办的汽车公司。1910年，霍希又创建了第二家霍希汽车公司，但遭到原公司的控告，法院裁定新建的汽车公司必须更名。后来，将霍希译成拉丁文奥迪（Audi），此后开始推出奥迪系列各款汽车。

1932年，由奥迪、霍希、旺达尔、DKW四家公司合并组成汽车联盟公司，车标采用了四连环图案，如图2-9所示。这四个紧扣着的圆环，象征公司成员平等、互利、协作的密切关系和奋发向上的创业精神。

1958年，汽车联盟公司被戴姆勒-奔驰汽车公司收购。1964年又被转卖给大众汽车公司。1969年，大众汽车公司买下德国的纳苏汽车公司，汽车联盟公司改称为奥迪纳苏汽车联合公司。1985年，又更名为奥迪汽车公司，车标未变。

▶ 图2-9 奥迪汽车车标

> **小知识**
>
> 奥迪汽车主要产品有A系列、S系列、RS系列、Q系列等，如图2-10所示。
>
>
>
> ▶ 图2-10 奥迪品牌的主要车型
> a）奥迪A6 b）奥迪Q5

3. 保时捷汽车公司

保时捷（PORSCHE）汽车公司成立于1930年，创建人是费迪南德·波尔舍，总部设在斯图加特市，该公司生产的跑车和赛车闻名于世。

保时捷车标（图2-11）由文字标志"PORSCHE"和图形标志（斯图加特盾形市徽）两部分构成，"PORSCHE"字样在商标最上方，市徽中的"STUTTGART"说明保时捷汽车公司总部设在斯图加特市，车标中间是一匹骏马，表示斯图加特这个地方盛产一种名贵骏马，车标的左上方和右下方是鹿角的图案，

▶ 图2-11 保时捷汽车车标

表示斯图加特曾是皇家的狩猎地，车标的右上方和左下方有黑色、红色和金色的条纹，黑色代表肥沃的土地，红色象征着人们的智慧和热情，黄色代表成熟的麦子，该标志展现了保时捷汽车公司美好的未来。它主要生产跑车和越野车，如图2-12所示。

a)   b)

▲ 图2-12　保时捷品牌主要车型

a）保时捷跑车　b）保时捷卡宴越野车

4. 兰博基尼汽车公司

兰博基尼（LAMBORGHINI）汽车公司创建于1961年，创始人是弗鲁西欧·兰博基尼，主要生产跑车和赛车。1987年，兰博基尼汽车公司与美国克莱斯勒汽车公司合并。1993年底，克莱斯勒汽车公司又将兰博基尼汽车公司卖给了印度尼西亚的梅佳-泰克财团。1998年，兰博基尼汽车公司又被奥迪汽车公司收购。

兰博基尼汽车车标（图2-13）是一头金色斗牛，全身充满力气，正准备冲击，寓意该公司生产的赛车功率大、速度快、战无不胜。兰博基尼跑车如图2-14所示。

▲ 图2-13　兰博基尼汽车车标　　　　　　▲ 图2-14　兰博基尼跑车

5. 宾利汽车公司

宾利（BENTLEY）汽车公司于1919年8月成立，创始人是沃尔特·欧文·宾利，该公司主要生产跑车。1931年，宾利汽车公司被劳斯莱斯汽车公司兼并，兼并后的宾利汽车公司也生产豪华轿车。1998年，宾利被大众汽车公司收购。宾利商标（图2-15）是一只展翅翱翔的雄鹰，鹰的腹部注有公司名称"BENTLEY"第一个大写英文字母"B"。鹰形商标喻示着宾利汽车公司在全球范围内的发展能力。宾利汽车如图2-16所示。

▲ 图 2-15 宾利汽车商标

▲ 图 2-16 宾利汽车

三、宝马汽车公司

1916 年，卡尔·拉普和马克思·弗里茨在德国慕尼黑建立了巴依尔发动机公司（Bayerische Motoren Werkbag——BMW），1918 年更名为宝马汽车公司。20 世纪 50 年代，德国匡特家族收购了宝马汽车公司 46% 的股份成为最大股东。

目前，宝马汽车公司旗下主要有宝马、劳斯莱斯和迷你（MINI）等品牌。

1. 宝马

宝马汽车车标（图 2-17）是在双圆环的上方标有 BMW 字样，这是宝马汽车公司全称的缩写。商标内圆中为蓝白两色相间的螺旋桨图案，象征该公司过去在航空发动机技术方面的领先地位，又象征着公司在广阔时空旅途中，以创新科技、先进的观念，满足消费者最大的愿望，反映了宝马汽车公司蓬勃向上的气势和日新月异的面貌。

▲ 图 2-17 宝马汽车车标

> **小知识**
>
> 宝马汽车公司目前在 13 个国家设有子公司和生产厂。销售的汽车产品有宝马 3 系、5 系、7 系等轿车和 X1、X3、X5、X6 等系列越野车，如图 2-18 所示。
>
>
>
> a)   b)
>
> ▲ 图 2-18 宝马品牌主要车型
> a) 宝马 3 系轿车 b) 宝马 X5

第二章 世界著名汽车公司与品牌

2. 劳斯莱斯汽车公司

劳斯莱斯（ROLLS-ROYCE）汽车公司创建立于1906年，是由劳斯汽车销售公司和莱斯汽车制造公司联合而成，并以创始人查尔斯·劳斯和亨利·莱斯的姓氏命名。

劳斯莱斯轿车以外形独特，古色古香，性能优良而闻名于世，是最尊贵、最豪华、最气派的轿车，被誉为"帝王之车"，在世界车坛上拥有崇高的地位。劳斯莱斯商标（图2-19）采用ROLLS、ROYCE两个单词的开头字母R叠合而成，寓意团结奋进、精诚合作、共同创业的精神。汽车雕塑商标采用一尊女神像，做飞翔姿态，意为速度之魂。劳斯莱斯汽车如图2-20所示。

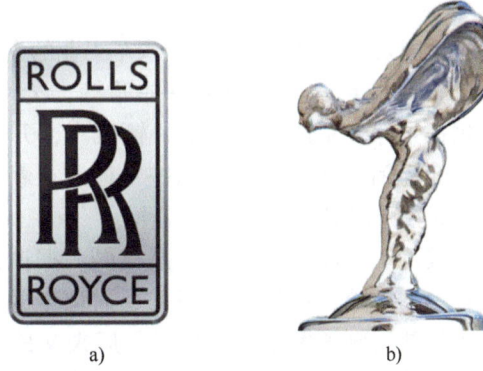

▶ 图2-19 劳斯莱斯汽车商标
a）文字商标 b）雕塑商标

3. MINI（迷你）

MINI是一款风靡全球、个性十足的小型两厢车。1959年8月26日由英国汽车公司（BMC）推出，曾创下英国最佳单一品牌轿车的销售记录。自1988年起，MINI归属于罗孚汽车公司。2000年，罗孚汽车公司将MINI的经营权交给宝马汽车公司。经过宝马汽车公司的重新设计，全新的MINI于2001年问世。

MINI汽车的标志（图2-21）是长着一对小翅膀的英语大写字母组合"MINI"，寓意MINI汽车平易近人、亲切可爱的大众时尚风格。MINI汽车如图2-22所示。

▶ 图2-20 劳斯莱斯汽车

▶ 图2-21 MINI汽车商标

▶ 图2-22 MINI汽车

四、标致-雪铁龙汽车公司

1. 标致品牌

自德国人发明汽车后,法国汽车工业的先驱者也迅速地研制汽车,完善汽车结构,创建汽车公司。1890 年,法国人勒内·本哈特、埃米尔·拉瓦索和阿尔芒·标致制造了法国第一辆汽车,开创了法国汽车工业的先河。1896 年,阿尔芒·标致在蒙贝利亚尔省创建了标致(PEUGEOT)汽车公司。

标致汽车车标(图 2-23)是雄狮。据说,标致的祖先曾到美洲探险,在那里见到了令人惊奇的动物——狮子,于是就用狮子做家族的徽章,后来又成为蒙贝利亚尔省的省徽。雄狮商标最初只用于锯条,1880 年演变为标致汽车公司的唯一商标,目前采用的是前爪伸出做拳击状的立狮图案。雄狮商标既突出了力量,又强调了节奏,富有时代感。喻示着标致汽车像雄狮一样威武、敏捷,永远保持旺盛的生命力。

▶ 图 2-23 标致汽车车标

> **小知识**
>
> 标志品牌目前生产的车型主要有 301、308、408(图 2-24)、508、2008、3008、4008 和 5008 等。
>
>
> ▶ 图 2-24 标致 408 汽车

2. 雪铁龙品牌

1912 年,安德烈·雪铁龙创建了以自己姓氏命名的雪铁龙齿轮公司,1915 年更名为雪铁龙汽车公司。由于雪铁龙汽车公司的前身是雪铁龙齿轮公司,所以车标(图 2-25)是人字形的一对轮齿,象征密切合作、同心协力、步步高升。

▶ 图 2-25 雪铁龙汽车车标

 **小知识**

雪铁龙品牌目前生产的车型主要有 C3、C4（图 2-26）、C5、C6 等。

▲ 图 2-26　雪铁龙 C4 汽车

五、雷诺汽车公司

雷诺（RENAULT）汽车公司由路易斯·雷诺和他的兄弟马赛尔·雷诺及费尔南德·雷诺于 1898 年在法国比杨古创建，并以创始人姓氏命名。

雷诺汽车车标（图 2-27）为菱形图案，象征雷诺三兄弟与汽车工业融为一体，表示雷诺汽车公司能在无限的空间中竞争、生存、发展。

▲ 图 2-27　雷诺汽车车标

 小知识

雷诺汽车公司生产的主要车型有科雷傲（图 2-28）、科雷嘉等。

▲ 图 2-28　雷诺科雷傲汽车

六、菲亚特汽车公司

菲亚特（FIAT）是意大利都灵汽车制造厂（Fabbrica Italiana di Automobili Torino）的缩写，该厂建于1899年，厂址设在都灵市，创始人是乔瓦尼·阿涅利。经过一个多世纪的发展，菲亚特汽车公司已成为意大利规模最大的汽车公司，汽车产量占意大利汽车总产量的90%以上，而且还控股法拉利汽车公司，1984年接管了阿尔法·罗密欧品牌，并在1993年并购玛莎拉蒂。

1. 菲亚特汽车

菲亚特汽车采用矩形车标（图2-29），处处显现拉丁民族热情、浪漫、灵活的风格，所以菲亚特轿车的造型一直引导着世界汽车造型的潮流。

▶ 图2-29 菲亚特汽车车标

> **小知识**
>
> 菲亚特汽车目前主要生产致悦、菲翔等车型，如图2-30所示。
>
>
>
> ▶ 图2-30 菲亚特菲翔汽车

2. 法拉利汽车

法拉利（Ferrari）汽车公司是意大利超级跑车和赛车制造公司，始建于1929年（最早是赛车俱乐部，即法拉利车队的前身），创始人是恩佐·法拉利，公司总部设在摩德纳，现为菲亚特汽车公司的子公司。

法拉利汽车车标（图2-31）是一匹跃起的马。标志上部的绿、白、红三色是意大利国旗的颜色，而标志底色为公司所在地摩德纳的一种著名金丝雀的颜色。2000~2004年，法拉利汽车公司生产了F2000、F2001、F2002、F2003GA和F2004P1赛车，这些赛车均是2002~2004年夺冠的F1赛车。法拉利汽车如图2-32所示。

3. 玛莎拉蒂汽车

1914年，玛莎拉蒂（MASERATI）家族的四兄弟创建了玛莎拉蒂汽车公司，主要生产赛车和跑车。目前为菲亚特汽车公司的子公司。

第二章 世界著名汽车公司与品牌

▲ 图2-31 法拉利汽车车标

▲ 图2-32 法拉利汽车

玛莎拉蒂汽车车标（图2-33）是一个三叉戟兵器，相传这个兵器是罗马神话中海神纳普丘（在希腊神话中则称为波塞顿）手中的武器，它显示海神巨大无比的威力。该车标表示玛莎拉蒂汽车公司及其生产的汽车像大海一样澎湃，隐喻了玛莎拉蒂汽车快速奔驰的潜力。玛莎拉蒂汽车如图2-34所示。

▲ 图2-33 玛莎拉蒂汽车车标

▲ 图2-34 玛莎拉蒂汽车

思考与练习

一、填空题

1. 戴姆勒-奔驰汽车公司的创始人是_____和戈特利布·戴姆勒，总部设在德国的斯图加特市。

2. 戴姆勒-奔驰汽车公司旗下拥有_____、精灵（smart）、AMG和乌尼莫克等汽车品牌。

3. 大众汽车公司旗下拥有大众、_____、保时捷、兰博基尼、宾利、_____、斯柯达、西亚特和布加迪等汽车品牌。

4. 目前，宝马汽车公司旗下主要有_____、_____和迷你（MINI）等品牌。

5. 目前，菲亚特汽车公司旗下主要有阿尔法·罗密欧、_____、_____等汽车品牌。

6. _____汽车车标是一个三叉戟兵器，相传这个兵器是罗马神话中海神纳普

29

丘手中的武器，它显示海神巨大无比的威力。

7. ＿＿＿＿＿＿汽车公司和汽车车标，是简化了的形似转向盘的一个环形圆包围着三叉星车标。

8. ＿＿＿＿＿＿汽车的标志是一匹跃起的马。

二、判断题

1. 玛莎拉蒂家族的四兄弟创建了玛莎拉蒂汽车公司，主要生产轿车和跑车。（　　）
2. 梅赛德斯-奔驰品牌中"梅赛德斯"是一个奥地利小女孩的名字。（　　）
3. 奥迪轿车的车标为四个圆环，代表着合并前的四家公司。（　　）
4. 奥迪汽车公司的创始人是奥古斯特·霍希。（　　）
5. 法国标致汽车公司创建人是阿尔芒·标致。（　　）
6. 法国雷诺汽车公司的创始人是路易斯·雷诺与其兄菲尔南德·雷诺。（　　）
7. 劳斯莱斯汽车公司的创始人是查尔斯·劳斯和亨利·莱斯。（　　）
8. 雪铁龙汽车公司创始人是安德烈·雪铁龙。（　　）
9. 宾利汽车公司于1919年8月成立，创始人是沃尔特·欧文·宾利，该公司主要生产赛车。（　　）
10. 奥迪目前是宝马旗下著名汽车品牌。（　　）

三、选择题

1. 迷你品牌隶属于（　　）汽车公司。
   A. 菲亚特　　　　B. 福特　　　　C. 大众　　　　D. 宝马
2. 大众汽车是（　　）汽车品牌。
   A. 英国　　　　B. 法国　　　　C. 德国　　　　D. 意大利
3. 宝马汽车是（　　）汽车品牌。
   A. 英国　　　　B. 法国　　　　C. 德国　　　　D. 意大利
4. 雷诺汽车是（　　）汽车品牌。
   A. 英国　　　　B. 法国　　　　C. 德国　　　　D. 意大利
5. 标志汽车是（　　）汽车品牌。
   A. 英国　　　　B. 法国　　　　C. 德国　　　　D. 意大利
6. 斯柯达汽车品牌隶属于（　　）汽车公司。
   A. 菲亚特　　　　B. 福特　　　　C. 大众　　　　D. 宝马
7. 法拉利汽车品牌隶属于（　　）汽车公司。
   A. 菲亚特　　　　B. 福特　　　　C. 大众　　　　D. 宝马
8. 保时捷汽车品牌隶属于（　　）汽车公司。
   A. 菲亚特　　　　B. 福特　　　　C. 大众　　　　D. 宝马
9. 商标是雄狮，喻示着像雄狮一样威武、敏捷，永远保持旺盛的生命力的汽车品牌是（　　）。
   A. 法拉利　　　　B. 标志　　　　C. 雪铁龙　　　　D. 菲亚特
10. 汽车商标采用一尊女神像，做飞翔姿态，意为速度之魂的汽车品牌是（　　）。
    A. 法拉利　　　　B. 标志　　　　C. 劳斯莱斯　　　　D. 宾利

第二节 美洲著名汽车公司与品牌

一、通用汽车公司

通用汽车公司（图2-35）创建于1908年，创始人是威廉·杜兰特，总部设在美国底特律市。通用汽车公司是全球最大的汽车制造商，在世界范围内设计、制造和销售各种轿车和载货汽车。旗下有别克、凯迪拉克、雪佛兰、奥兹莫比尔、土星和GMC等多个品牌。

1. 凯迪拉克

凯迪拉克（CADILLAC）品牌的前身是凯迪拉克汽车公司，建立于1902年，创始人是亨利·利兰德。

凯迪拉克汽车车标上为冠、下为盾，周围为郁金香花瓣构成的花环。冠显示出了皇家贵族的尊贵血统，盾象征

▲ 图2-35 通用汽车车标

凯迪拉克军队的英勇，花环表示荣誉，喻示着凯迪拉克汽车的高贵和气派。21世纪以来，凯迪拉克使用了新版车标，色彩更明快，轮廓更鲜明，如图2-36所示。凯迪拉克汽车如图2-37所示。

▲ 图2-36 凯迪拉克汽车车标　　　　　　▲ 图2-37 凯迪拉克汽车

2. 雪佛兰

雪佛兰（CHEVROLET）品牌原是密执安雪佛兰汽车公司，建于1911年，创始人是威廉·杜兰特和瑞士的路易斯·雪佛兰。1918年5月，雪佛兰汽车公司并入通用汽车公司。雪佛兰汽车车标（图2-38）的设计，是雪佛兰汽车公司的创始人之一杜兰特看报纸时设计的这个图案，又从巴黎酒店的墙上获得灵感，同时受到了法国古老壁画的启发，对其进行了

简化,并于 1914 年首次使用。在西方社会里,领结是人人喜爱的饰物,不但体现着大众文化,更标志着贵族的气派。

▶ 图 2-38 雪佛兰汽车车标

小知识

雪佛兰品牌车系主要有赛欧、科鲁兹、科沃兹、迈锐宝等,如图 2-39 所示。

▶ 图 2-39 雪佛兰科鲁兹汽车

3. 别克

别克(BUICK)汽车公司建于 1903 年 5 月,创始人是大卫·别克,但不久公司就陷入困境。后在威廉·杜兰特的资助下,公司才兴旺起来。1908 年,杜兰特以别克汽车公司为中心建立了美国通用汽车公司。

别克汽车车标(图 2-40)采用三把颜色不同(从左到右,红、白、蓝三种颜色)依次排列在不同高度上的利剑,表示积极进取、不断攀登的意思;表示别克汽车采用顶级技术;也表示别克汽车培养出的人才个个游刃有余,是无坚不摧、勇于登峰的勇士。

▶ 图 2-40 别克汽车车标

第二章 世界著名汽车公司与品牌

> **小知识**
>
> 别克汽车品牌车系主要有君威、君越等中级轿车，凯越、威朗（图2-41）等经济型轿车，昂科威、昂科拉等越野车。
>
>
>
> ▲ 图2-41　别克威朗汽车

二、福特汽车公司

1903年6月16日，亨利·福特创建了福特（Ford）汽车公司，总部设在底特律市。在美国有福特部和林肯部等。

亨利·福特是福特汽车公司的创始人。1908年，他推出了经济的福特T型车，1913年，创造了用流水线装配汽车的方式，促进了汽车的普及，是世界汽车工业史上具有划时代意义的伟大创举。福特T型车生产了20年，共生产了1500多万辆。福特被誉为"汽车大王"。

1. 福特

福特汽车车标（图2-42）是采用福特英文"Ford"字样，蓝底白字。由于创建人亨利·福特喜欢小动物，所以标志设计者把福特的英文"Ford"画成形似一只活泼可爱、充满活力、美观大方的小白兔形象。犹如一只小白兔矫健潇洒地飞奔在世界各地。

▲ 图2-42　福特汽车车标

> **小知识**
>
> 福特品牌车系主要有福克斯、福睿斯、蒙迪欧、翼博和翼虎等，如图2-43所示。
>
>
>
> ▲ 图2-43　福特蒙迪欧汽车

2. 林肯

1917年8月，亨利·利兰德创建了豪华汽车公司。1922年2月，福特汽车公司收购了豪华汽车公司，将其更名为林肯（LINCOLN）部。

林肯汽车车标（图2-44）是一颗闪闪发光的星辰和一个近似矩形的外框图案，表示林肯总统是美国联邦统一和废除奴隶制度的启明星，也喻示着林肯牌轿车光辉灿烂。林肯汽车如图2-45所示。

▲ 图2-44 林肯汽车车标

▲ 图2-45 林肯汽车

三、克莱斯勒汽车公司

克莱斯勒（CHRYSLER）汽车公司1929年的汽车产量上升到美国的第三位，总部设在底特律市，该公司拥有顺风、道奇和吉普部。

沃尔特·克莱斯勒是克莱斯勒汽车公司的创始人。1920年，克莱斯勒离开通用汽车公司，受聘于将要倒闭的马克斯威尔汽车公司，于1924年推出克莱斯勒6号车型，打开了新局面，并借机改组接收了马克斯威尔汽车公司。1925年6月6日，在马克斯威尔汽车公司的基础上成立了克莱斯勒汽车公司。

1998年11月12日，享誉全球的德国戴姆勒-奔驰汽车公司和克莱斯勒汽车公司合并为戴姆勒-克莱斯勒汽车公司，这成为历年来汽车制造业最大的一起合并。由此戴姆勒-克莱斯勒汽车公司成为全美第二大汽车生产商、世界第五大汽车公司。2009年4月30日，陷入困境的克莱斯勒汽车公司发表声明宣布申请破产。由此，克莱斯勒进入破产程序。同日，美国总统奥巴马宣布了克莱斯勒汽车公司于美国时间4月30日正式破产，由美国政府和菲亚特接手，成立菲亚特-克莱斯勒汽车集团。

1. 克莱斯勒

克莱斯勒汽车车标（图2-46）像一枚五角星勋章，五角星的五个部分，分别表示五大洲（亚洲、非洲、欧洲、美洲、大洋洲）都在使用克莱斯勒汽车，克莱斯勒汽车遍及全世界。克莱斯勒汽车如图2-47所示。

2. 道奇

1914年，由道奇兄弟（约翰·弗朗西斯·道奇和瑞斯·埃尔金·道奇）创建了道奇（DODGE）汽车公司。1928年被克莱斯勒汽车公司收购，成为克莱斯勒汽车公司的一个分部。

道奇汽车车标（图2-48）是一个五边形中有一只公羊，象征道奇汽车强壮剽悍，善于决斗。道奇汽车如图 2-49 所示。

▲ 图 2-46 克莱斯勒汽车车标

▲ 图 2-47 克莱斯勒汽车

▲ 图 2-48 道奇汽车车标

▲ 图 2-49 道奇汽车

3. 吉普（JEEP）

吉普（图 2-50）是美国克莱斯勒汽车公司专门生产轻型越野汽车的部门，是美国克莱斯勒汽车公司接收美国汽车公司后，于 1980 年成立的子公司，是世界上最大的越野汽车制造厂。

吉普这种车的名字叫"GP"，是 General Purpose（多用途车）的缩写，这种小越野车是专门为美国军方生产的，它的发音与美国漫画家施格于 1937 年创作的漫画形象中的一种神通广大的小鸟在飞行时发出的"吉普、吉普"叫声很相近，因此，美国士兵把这种小越野车称为"吉普"。吉普汽车如图 2-51 所示。

▲ 图 2-50 吉普汽车车标

▲ 图 2-51 吉普汽车

思考与练习

一、填空题

1. 通用汽车公司旗下有＿＿＿＿＿＿、凯迪拉克、＿＿＿＿＿＿、奥兹莫比尔、土星和 GMC 等多个品牌。
2. 福特汽车公司的创始人是＿＿＿＿＿＿，旗下汽车品牌有福特部和＿＿＿＿＿＿等。
3. 通用汽车公司创建于 1908 年，创始人是威廉·杜兰特，总部设在美国＿＿＿＿市。
4. 克莱斯勒汽车公司旗下的汽车品牌有克莱斯勒、＿＿＿＿＿＿和＿＿＿＿＿＿等。

二、判断题

1. 凯迪拉克汽车车标图案采用著名的花冠盾形标志。（　　）
2. 福特汽车车标采用福特英文"Ford"字样，蓝底白字。（　　）
3. 别克汽车车标采用四把颜色不同的利剑，表示别克培养出的人才个个游刃有余，是无坚不摧、勇于登峰的勇士。（　　）
4. 雪佛兰品牌创始人是威廉·杜兰特和路易斯·雪佛兰。（　　）
5. 雪佛兰品牌车系主要有君威、君越、赛欧、科鲁兹、科沃兹、迈锐宝等。（　　）
6. 沃尔特·克莱斯勒是克莱斯勒汽车公司的创始人。（　　）

三、选择题

1. 别克汽车品牌隶属于（　　）汽车公司。
   A. 通用　　　　B. 福特　　　　C. 克莱斯勒　　　　D. 宝马
2. 凯迪拉克汽车品牌隶属于（　　）汽车公司。
   A. 大众　　　　B. 福特　　　　C. 克莱斯勒　　　　D. 通用
3. 吉普汽车品牌隶属于（　　）汽车公司。
   A. 宝马　　　　B. 福特　　　　C. 克莱斯勒　　　　D. 通用
4. 林肯汽车品牌隶属于（　　）汽车公司。
   A. 菲亚特　　　B. 福特　　　　C. 克莱斯勒　　　　D. 奔驰
5. 道奇汽车品牌隶属于（　　）汽车公司。
   A. 大众　　　　B. 福特　　　　C. 克莱斯勒　　　　D. 通用
6. 车标像一枚五角星勋章，五角星的五个部分，分别表示五大洲都在使用的汽车品牌是（　　）。
   A. 别克　　　　B. 凯迪拉克　　C. 克莱斯勒　　　　D. 菲亚特
7. （　　）汽车车标是一颗闪闪发光的星辰和一个近似矩形的外框图案。
   A. 林肯　　　　B. 雪佛兰　　　C. 劳斯莱斯　　　　D. 宾利
8. （　　）汽车车标采用三把颜色不同（从左到右，红、白、蓝三种颜色）依次排列在不同高度上的利剑，表示积极进取、不断攀登的意念。
   A. 别克　　　　B. 凯迪拉克　　C. 克莱斯勒　　　　D. 吉普

第三节 亚洲著名汽车公司与品牌

一、丰田汽车公司

丰田（TOYOTA）汽车公司的前身是 1933 年在丰田自动织布机制作所设立的汽车部，创始人是丰田喜一郎。1937 年 8 月 28 日，正式独立为丰田汽车工业公司，1982 年 7 月 1 日，丰田汽车工业公司和丰田汽车销售公司合并为丰田汽车公司，总部设在丰田市。

丰田喜一郎（1894—1952 年）是丰田汽车公司的创始人，是日本"国产汽车之父"，是"丰田生产方式"的奠基人。丰田汽车旗下品牌主要包括丰田、雷克萨斯、大发等。

1. 丰田

20 世纪 80 年代后期，丰田汽车车标改成三个椭圆（图 2-52）。外边的大椭圆表示地球，大椭圆内的一个横向椭圆和一个纵向椭圆构成一个"T"字，是 TOYOTA 的第一个字母，代表丰田汽车公司。车标富有动感，表示丰田汽车公司在世界上永远发展。其内涵正如该公司所解释的：它象征着丰田立足于未来，对未来的信心和雄心；它象征着丰田置身于顾客，对顾客的保证；它象征着丰田技术之高和革新的潜力。

▲ 图 2-52 丰田汽车车标

> **小知识**
>
> 丰田汽车品牌主要生产皇冠（Crown）、卡罗拉（Corolla）、陆地巡洋舰（Land Cruiser）、威驰（Vios）、凯美瑞等车型，如图 2-53 所示。其中卡罗拉轿车是丰田车系的代表车型。自从 1966 年成功推出后，行销世界超过 140 个国家和地区，截至 2017 年累积销量超过 3500 万辆，创造了单一品牌车型累积销量第一的世界纪录。
>
>
>
> ▲ 图 2-53 丰田汽车主要车型
> a）凯美瑞　b）皇冠

2. 雷克萨斯

雷克萨斯轿车车标（图 2-54）采用车名"LEXUS"第一个字母 L 的大写，L 的外面用一个椭圆包围，椭圆代表地球，表示雷克萨斯汽车遍布全世界。雷克萨斯汽车如图 2-55 所示。

▲ 图 2-54 雷克萨斯汽车商标

▲ 图 2-55 雷克萨斯汽车

二、日产汽车公司

日产（NISSAN）汽车公司也称尼桑汽车公司。1933 年，日本户烟铸造公司与日本产业公司合资建立汽车制造公司，于 1934 年更名为日产汽车公司。"日产"是日本产业的简称。2009 年 8 月，日产汽车公司宣布新总部将迁回至公司创始地日本横滨市。新总部秉承环保理念，在设计上致力于降低二氧化碳排放和节约能源。

1999 年 3 月，日产汽车公司与法国雷诺汽车公司签订了一个全面的联盟协定，旨在加强日产汽车公司的财政地位，同时获得双赢的发展。这种联盟旨在加强品牌知名度，使这些品牌具有明显的能力和特点，而且能够在 21 世纪的全球市场上有效地参与竞争。旗下汽车品牌主要有日产和英菲尼迪等。

1. 日产

日产汽车车标如图 2-56 所示。目前，日产汽车公司在中国销售的车型有逍客（图 2-57）、轩逸、奇骏、天籁、骏逸、颐达、骐达、骊威等。

▲ 图 2-56 日产汽车车标

▲ 图 2-57 日产逍客汽车

2. 英菲尼迪（无限）

1989年11月8日，日产汽车公司的豪华品牌英菲尼迪（INFINITI）在北美首次面世。几年之内，英菲尼迪迅速成为北美豪华车市场最重要的品牌之一。

英菲尼迪的椭圆形车标（图2-58）表现的是一条无限延伸的道路。椭圆曲线代表无限扩张之意，也象征着"全世界"；两条交线代表通往巅峰的道路，象征无尽的发展。英菲尼迪车标和名称象征着英菲尼迪人的一种永无止境的追求，那就是创造有全球竞争力的真正的豪华车。英菲尼迪汽车如图2-59所示。

▲ 图2-58 英菲尼迪汽车车标

▲ 图2-59 英菲尼迪汽车

三、本田汽车公司

本田（HONDA）汽车公司是世界上最大的摩托车生产厂家，汽车产量和规模也名列世界十大汽车厂家之列。其前身是本田技术研究所，1948年由本田宗一郎创建，以姓氏对公司命名。公司总部设在东京。现在，本田汽车公司已是一个跨国汽车、摩托车生产销售集团，它的产品除汽车、摩托车外，还有发电机、农机等动力机械产品。目前，主要生产雅阁（Accord）、思域（Civic）、思迪（City）、CRV等车型。本田汽车车标（图2-60）采用HONDA的第一个字母H，周围用方框围着，体现了技术创新、团结向上、经营有力。旗下有本田和讴歌两个汽车品牌。本田汽车如图2-61所示。

▲ 图2-60 本田汽车车标

▲ 图2-61 本田CRV汽车

四、马自达汽车公司

马自达（MAZDA）汽车公司的前身是1920年创建的东京软木工业公司，创建人是松田重次郎，MAZDA为松田的拼音。1982年，更名为马自达汽车公司。

马自达汽车车标采用飞鹰（图2-62），意味着马自达展翅高飞，永闯车坛顶峰。

▶ 图2-62　马自达汽车车标

> **小知识**
>
> 目前，主要生产马自达6、马自达8、CX4、CX5（图2-63）、昂克赛拉等车型。
>
>
>
> ▶ 图2-63　马自达CX5汽车

五、三菱汽车公司

三菱（MITSUBISHI）汽车公司的前身是岩奇弥太郎1870年创建的九十九商会，1873年将九十九商会改称为三菱商会，1970年，三菱汽车公司从三菱集团中独立出来，主要生产轻型越野汽车。

三菱汽车以三枚菱形的钻石为车标（图2-64），体现公司的三个原则：承担对社会的共同责任；诚实与公平；通过贸易促进国际谅解与协作。

▶ 图2-64　三菱汽车车标

> **小知识**
>
> 目前，三菱汽车公司在中国生产帕杰罗、欧蓝德（图2-65）、蓝瑟等车型。
>
>
>
> ▶ 图2-65　三菱欧蓝德汽车

六、铃木汽车公司

铃木（SUZUKI）是日本的一个姓氏。铃木公司成立于1920年，1952年开始生产摩托车，1955年开始生产汽车。铃木汽车公司成立于1954年，以生产微型汽车为主。铃木也是丰田集团成员，同时通用汽车公司持有铃木10%的股权。铃木汽车公司是最早与中国汽车公司合作成功的公司之一。

▶ 图2-66　铃木汽车车标

铃木汽车车标（图2-66）图案中的"S"是SUZUKI的第一个大写字母，它给人以无穷力量的感觉，象征无限发展的铃木汽车公司。

小知识

目前，铃木汽车公司主要生产的车型有新奥拓、北斗星、利亚纳、语燕（图2-67）等。

▶ 图2-67　铃木语燕汽车

七、现代汽车公司

1. 现代

现代汽车公司（HYUNDAI）创建于1967年12月，创始人是郑周永，总部位于韩国首尔，建厂初期只是组装美国福特汽车公司的轿车，到1974年才开始生产自己的轿车。现代汽车公司主要生产阿克森特（Accent）、兰特拉（Lantra）、索纳塔（Sonata）、伊兰特（Elantra）等轿车。

现代汽车车标（图2-68）为现代汽车公司英文拼音HYUNDAI的第一个字母H，与日本本田车标区别在于它用的H为斜花体，且H外边用椭圆包围着，象征现代汽车遍及全球。现代汽车如图2-69所示。

▲ 图2-68　现代汽车车标

▲ 图2-69　现代名图汽车

2. 起亚

起亚汽车公司成立于1944年，是韩国最早的汽车制造商，现在隶属于现代集团。起亚作为韩国汽车工业的驱动力，拥有完善的乘用车和商用车生产流水线，具有年产两百万辆汽车的生产力。起亚的国外业务占60%，在180多个国家建立了销售网络。

起亚汽车原来的车标由白色的椭圆、红色的背景和黑体的"KIA"三个字母构成，现将标识变为亮红的椭圆、白色的背景和红色的"KIA"字样，英文"KIA"，形似一只飞鹰，象征公司如腾空飞翔的雄鹰（图2-70）。

▲ 图2-70　起亚汽车车标

> **小知识**
>
> 起亚汽车旗下的主力车型有赛拉图、锐欧、狮跑、智跑（图2-71）、K2、K3、K5等。
>
>
>
> ▲ 图2-71　起亚智跑汽车

思考与练习

一、填空题

1. 丰田汽车旗下品牌主要有_____、_____和大发等。
2. 日产汽车公司旗下汽车品牌主要有_____和_____等。
3. 本田汽车公司旗下有_____和_____两个汽车品牌。
4. 以三枚菱形的钻石为车标，体现公司的三个原则：承担对社会的共同责任；诚实与公平；通过贸易促进国际谅解与协作的汽车品牌是_____。

二、判断题

1. 丰田汽车车标是三个椭圆按一定规律排列而成。（   ）
2. 丰田汽车品牌主要生产皇冠、卡罗拉、雅阁、思域、凯美瑞等车型。（   ）
3. 卡罗拉轿车累积销量超过 3500 万辆，创造了单一品牌车型累积销量第一的世界纪录。（   ）
4. 丰田喜一郎是丰田汽车公司的创始人，是日本"国产汽车之父"，是"丰田生产方式"的奠基人。（   ）
5. 雷克萨斯是丰田汽车旗下的豪华汽车品牌。（   ）
6. 英菲尼迪是日产汽车旗下的豪华品牌。（   ）
7. 1948 年本田宗一郎创建本田汽车公司。（   ）
8. 马自达汽车公司主要生产马自达 6、马自达 8、CX4、CX5、昂克赛拉、帕杰罗和欧蓝德等车型。（   ）

三、选择题

1. 车标象征着公司立足于未来，对未来的信心和雄心；还象征着置身于顾客，对顾客的保证；还象征着技术之高和革新潜力的品牌是（   ）。
   A. 通用　　　　　B. 丰田　　　　　C. 本田　　　　　D. 日产
2. （   ）品牌的车标是第一个字母 L 的大写，L 的外面用一个椭圆包围着，椭圆代表地球，表示该品牌汽车遍布全世界。
   A. 凯迪拉克　　　B. 福特　　　　　C. 雷克萨斯　　　D. 英菲尼迪
3. 1999 年，日产汽车公司与（   ）汽车公司签订了一个全面的联盟协定，旨在加强日产汽车公司的财政地位，同时获得双赢的发展。
   A. 德国大众　　　B. 法国雷诺　　　C. 美国福特　　　D. 意大利菲亚特
4. （   ）品牌汽车的椭圆形车标表现的是一条无限延伸的道路，椭圆曲线代表无限扩张之意，也象征着"全世界"，两条交线代表通往巅峰的道路，象征无尽的发展。
   A. 本田　　　　　B. 福特　　　　　C. 雷克萨斯　　　D. 英菲尼迪
5. 起亚汽车品牌隶属于（   ）汽车公司。
   A. 大众　　　　　B. 丰田　　　　　C. 克莱斯勒　　　D. 现代
6. 现代汽车属于（   ）汽车品牌。
   A. 韩国　　　　　B. 日本　　　　　C. 中国　　　　　D. 德国
7. （   ）汽车的车标 H 为斜花体，且 H 外边用椭圆包围着，象征该汽车遍及全球。
   A. 本田　　　　　B. 福特　　　　　C. 现代　　　　　D. 英菲尼迪
8. 铃木汽车属于（   ）汽车品牌。
   A. 韩国　　　　　B. 日本　　　　　C. 英国　　　　　D. 德国

第四节

中国著名汽车公司与品牌

目前，我国有汽车整车生产厂家100多家，分布在全国20多个省、市、自治区。

一、中国第一汽车集团公司

中国第一汽车集团公司（简称一汽）总部位于吉林省长春市，前身是第一汽车制造厂，是新中国汽车工业的摇篮。一汽是国内最大的汽车企业集团之一，已形成了载货汽车、轿车、微型车、客车等多品种、宽系列的产品格局。拥有解放、红旗、奔腾等自主品牌。其中生产基地设在长春的子公司有一汽解放（生产载货汽车），一汽轿车（生产红旗、马自达轿车），一汽大众（生产大众旗下各品牌轿车）公司等，并拥有东北、华北、西南三大基地，形成了立足东北、辐射全国、面向海外的开放式发展格局。

▲ 图 2-72　解放车名

1956年7月15日第一批载货汽车下线，命名为"解放"，如图2-72所示。"解放"有双重意义：一是中国人民的解放；二是中国汽车工业的解放。

一汽及生产的汽车车标（图2-73）是由阿拉伯数字"1"和汉字"汽"两个字艺术化的组合，构成一只展翅飞翔的雄鹰，车标既表示不断进取、展翅高飞的一汽精神，又表示中国汽车工业冲出国门、走向世界的决心。

▲ 图 2-73　一汽的汽车车标

1. 一汽解放汽车有限公司

一汽解放汽车有限公司（简称一汽解放）成立于2003年1月18日，是中国第一汽车集团公司以原第一汽车制造厂主体专业厂为基础重新组建的中重型载货汽车制造企业，是一汽集团公司的全资子公司。

一汽解放具有年产销25万辆中重型载货汽车的能力，其主导产品是解放品牌的中、重型系列载货汽车，该系列产品具有从5~30t级的普通载货汽车、自卸车、牵引车（图2-74）、半挂车、搅拌车、邮政车

▲ 图 2-74　解放重型牵引车

等 500 多个品种。一汽解放汽车已经出口到 20 多个国家和地区，并在国外开始建立组装、营销及服务基地。

成立一汽解放是一汽集团公司的一项重要战略举措。"解放"品牌更是一汽乃至中国汽车工业完全拥有知识产权和产品开发能力的民族第一品牌。

2. 一汽轿车股份有限公司

一汽轿车股份有限公司（简称一汽轿车），是中国第一汽车集团的控股子公司，是中国轿车制造业首家股份制上市公司。公司于 1997 年 6 月 10 日在长春高新技术开发区注册成立，同年 6 月 18 日在深圳证券交易所挂牌上市。

一汽轿车主导产品为红旗系列轿车及其补充产品。一汽轿车目前的主要产品有红旗、奔腾、Mazda6 等系列轿车。

红旗是一汽轿车的自主品牌、自有商标，诞生于 1958 年，原有"旗舰""世纪星"和"明仕"等系列产品。红旗 H7（图 2-75）是公司推出的红旗品牌全新产品，是我国自主品牌的高端豪华轿车。

奔腾（图 2-76）是一汽轿车 2006 年推出的自主品牌新产品。现已形成 B30、B50、B70、B90、X40、X80 等多品种系列产品。

▲ 图 2-75　红旗 H7 高端豪华轿车

▲ 图 2-76　奔腾轿车

3. 一汽大众汽车有限公司

一汽大众汽车有限公司成立于 1991 年，是中国第一汽车集团公司和德国大众汽车股份公司及奥迪汽车股份公司合资经营的大型乘用车生产企业，是我国第一个按经济规模起步的现代轿车工业基地，其主要产品有捷达、宝来、高尔夫、开迪、速腾、迈腾（图 2-77）、奥迪等。

4. 一汽丰田汽车有限公司

一汽丰田汽车有限公司成立于 2000 年 6 月，生产能力为年产 42 万辆，是国家商务部批准成立的大型中外合资企业，出资方为中国第一汽车集团公司、丰田汽车公司，中外股比为 50%∶50%。主要产品有威驰、花冠、卡罗拉（图 2-78）、皇冠和普锐斯等车型。

▶ 图 2-77　一汽大众迈腾轿车

▶ 图 2-78　一汽丰田卡罗拉轿车

二、东风汽车集团公司

东风汽车集团公司总部位于湖北省武汉市，其前身是 1969 年始建于湖北十堰的"第二汽车制造厂"，经过多年的建设，已陆续建成了十堰（主要以中、重型商用车、零部件、汽车装备事业为主）、襄樊（以轻型商用车、乘用车为主）、武汉（以乘用车为主）、广州（以乘用车为主）四大基地，除此之外，还在上海、柳州、乌鲁木齐等地设有分支企业。2003 年 9 月，东风汽车集团公司的总部由十堰搬迁至武汉。

东风汽车车标（图 2-79）以艺术变形手法，取燕子凌空飞翔时的剪形尾翼作为图案基础，含义是双燕舞东风。东风汽车集团公司原名为第二汽车制造厂。二汽的"二"字寓意于双燕之中，戏跃翻飞的春燕，外圆代表车轮，象征着东风汽车车轮不停地旋转。东风品牌承载着我国载货汽车的发展历史。

▶ 图 2-79　东风汽车车标

1. 神龙汽车有限公司

神龙汽车有限公司是东风汽车集团公司与法国 PSA 标致雪铁龙集团等股东合资兴建的轿车生产经营企业，总部位于湖北武汉，成立于 1992 年 5 月。

神龙汽车有限公司是国内最早实施"双品牌"战略的企业之一，拥有东风标致、东风雪铁龙两大合资品牌，东风雪铁龙品牌目前主要车型有 C3-XR、C6、C5、C4L、C4 世嘉、爱丽舍；东风标致品牌目前主要车型有 5008、4008、3008、2008、408、308（图 2-80）、301，产品覆盖了 SUV 和多个轿车细分市场。

2. 东风日产汽车有限公司

东风日产汽车有限公司创立于 2003 年 6 月 9 日，是东风汽车集团公司与日本日产汽车公司的合资企业。东风日产乘用车公司拥有广州花都和湖北襄樊两个生产基地，主要产品有骐达、骊威、阳光、轩逸、天籁、劲客、逍客（图 2-81）、奇骏、新楼兰等。

3. 东风悦达起亚汽车有限公司

东风悦达起亚汽车有限公司是由东风汽车集团公司、江苏悦达投资股份有限公司、韩国起亚自动车株式会社按 25%、25%、50% 的股权结构共同组建的中外合资轿车制造企业，主要产品有 K2、K3、K5（图 2-82）、福瑞迪、智跑等。

▲ 图 2-80　东风标致 308 汽车

▲ 图 2-81　东风日产逍客汽车

4. 东风本田汽车有限公司

2003 年 7 月，东风汽车集团公司与日本本田技研工业株式会社通过改组、改造原武汉万通汽车有限公司，组建东风本田汽车有限公司，其产品主要有 XRV、CRV、URV、思域（图 2-83）、杰德和思铂睿等。

▲ 图 2-82　东风悦达起亚 K5 汽车

▲ 图 2-83　东风本田第十代思域

三、上海汽车集团有限公司

上海汽车集团有限公司的前身是上海汽车有限公司，公司简称"上汽集团"。2006 年经过重组，上汽集团成为目前国内 A 股市场最大的整车上市公司，公司目前控股股东为上海汽车工业（集团）总公司。公司下属主要企业有乘用车分公司、南京名爵（MG）、上海大众、上海通用、上汽荣威、上汽通用五菱等整车企业。

1. 上海大众汽车有限公司

上海大众汽车有限公司（以下简称上海大众）是中德合资的轿车生产企业，成立于 1985 年 3 月。公司中德双方的投资比例各占 50%，合同期限为 25 年。2002 年 4 月 12 日，中德投资双方修订和延长了上海大众合营合同协议，合营期延长至 2030 年。2007 年，上海大众又引入大众旗下的捷克著名品牌——斯柯达（图 2-84）。

上海大众是我国目前生产规模最大、市场保有量最多的现代化轿车生产基地，年产量超过 100 万辆，主要车型包括

▲ 图 2-84　斯柯达汽车车标

Polo（波罗）、桑塔纳（图2-85）、朗逸、帕萨特、途观、途安、晶锐、明锐、昊锐等。

▲ 图2-85　桑塔纳轿车

2. 上海通用汽车有限公司

上海通用汽车有限公司成立于1997年6月，由上海汽车工业（集团）总公司、通用汽车公司各出资50%组建而成。

上海通用汽车车标（图2-86）是上海的第一个拼音S从椭圆形中穿过，在S的中部为通用汽车标志，表示上海通用汽车有限公司由上海汽车工业总公司与美国通用汽车公司双方的合作。

上海通用汽车有限公司生产的品牌有别克、雪佛兰、凯迪拉克等，其中别克品牌主要车型有凯越、英朗、威朗、君威、君越、昂科拉、昂科威等；雪佛兰品牌主要车型有科鲁兹（图2-87）、迈锐宝等。

▲ 图2-86　上海通用汽车车标

▲ 图2-87　雪佛兰科鲁兹轿车

3. 上汽荣威汽车

荣威（ROEWE）是上海汽车工业（集团）总公司旗下的一款汽车品牌，于2006年10月推出。该品牌下的汽车技术来源于上汽集团之前收购的英国罗孚汽车，但上汽集团并未收购"罗孚"品牌。

荣威（图2-88）品牌命名中西融汇，开放而不失内敛，雍容而不失自信，充分阐释了上汽集团以自主掌控、自主创新的信念，传承世界先进技术，塑造中国的国际品牌的决心与信心。荣威主要车型有i5、i6、RX3、RX5（图2-89）和新能源汽车等。

第二章 世界著名汽车公司与品牌

▲ 图 2-88 荣威汽车车标

▲ 图 2-89 荣威 SUV RX5 汽车

四、北京汽车集团有限公司

北京汽车集团有限公司（简称"北汽集团"）的车标如图 2-90 所示，其前身为 1958 年成立的"北京汽车制造厂"。其先后自主研制、生产了北京牌 BJ210、BJ212 等系列越野车，北京牌勇士系列军用越野车，北京牌 BJ130、BJ122 系列轻型载货汽车以及欧曼重卡、欧 V 大客车等著名品牌产品，合资生产了"北京 Jeep"切诺基、现代品牌、奔驰品牌产品。旗下子公司主要有北汽福田、北京现代、北京奔驰、北汽新能源等。

▲ 图 2-90 北汽汽车车标

1. 北汽福田汽车股份有限公司

1996 年 8 月，北汽集团发起百家法人造福田，成立了"北汽福田汽车股份有限公司"，简称北汽福田，"北汽福田"作为北汽品牌体系的重要支撑之一，自主研发并投入市场的欧曼重卡（图 2-91）、欧 V 大客车、欧马可轻卡、迷迪多功能车、新能源客车等具有高端技术的新品，涉及中国自主创新商用车的全部领域。在成立 14 年后，北汽福田全年累计销售汽车 60 万辆，首次位居全球商用车销量第一位。

▲ 图 2-91 欧曼重卡

2. 北京现代汽车有限公司

2002 年 10 月 18 日，中国加入 WTO 之后，汽车工业的第一家中外合资企业——"北京现代汽车有限公司"成立。同年 12 月 23 日，第一辆北京现代索纳塔轿车下线。公司主要生产韩国现代汽车公司的瑞纳、领动（图 2-92）、悦动、名图、索纳塔、ix25、ix35、途胜等车型。

3. 北京奔驰汽车有限公司

北京奔驰汽车有限公司（简称北京奔驰）是北汽集团与戴姆勒汽车公司组建的合资企业，于 2005 年 8 月 8 日正式成立。当前主要生产梅赛德斯-奔驰 E 级、C 级轿车以及 GLK

（图 2-93）等车型。

▲ 图 2-92　北京现代领动轿车

▲ 图 2-93　奔驰 GLK 汽车

4. 北京新能源汽车股份有限公司

北京新能源汽车股份有限公司（以下简称"北汽新能源"）创立于 2009 年，是由北汽集团发起并控股，是我国首家独立运营、首个获得新能源汽车生产资质、首家进行混合所有制改革、首批试点国有企业员工持股改革的新能源汽车企业。业务范围涵盖新能源汽车整车及核心零部件研发、生产、销售和服务等业务板块以及分时租赁、充换电运营、二手车置换等综合服务板块，同时布局智能制造、能源管理、智慧出行、互联网+等多个战略新兴产业。目前，北汽新能源已经形成了 EC、EU、ES、EV（图 2-94）、EX、EH 六大纯电动汽车产品系列。

▲ 图 2-94　北汽 EV200 纯电动汽车

五、广州汽车集团股份有限公司

广州汽车集团股份有限公司（简称广汽集团）（图 2-95）创立于 2005 年 6 月，由广州汽车集团整体变更成立。目前集团旗下拥有广汽乘用车、广汽本田、广汽丰田、广汽新能源、广汽菲亚特克莱斯勒、广汽三菱等数十家知名企业。

1. 广州汽车集团乘用车有限公司

广州汽车集团乘用车有限公司（简称"广汽乘用车"）整合全球优势资源，起点立足于中高端轿车品牌，在吸收消化本田、丰田的先进技术和管理经验的基础上，将精益生产

▲ 图 2-95　广汽集团商标

的理念融入企业管理中，将多年合资生产轿车产品的经验运用到自主品牌产品生产上，促进民族轿车工业的长足进步。目前主要生产传祺品牌车型，具体车型有轿车 GA4、GA6、GA8 等；SUV 车型 GS4（图 2-96）、GS5、GS7、GS8 等。

2. 广汽本田汽车有限公司

广汽本田汽车有限公司（简称广汽本田）于 1998 年 7 月 1 日成立，它是由广汽集团与

日本本田技研工业株式会社共同出资组建的合资公司，双方各占50%股份，合作年限为30年。广汽本田目前生产的主要产品有雅阁系列轿车（图2-97）、奥德赛多功能系列轿车、飞度系列轿车和凌派系列轿车四大系列20多种车型。

▲ 图2-96　广汽传祺GS4

▲ 图2-97　本田雅阁轿车

3. 广汽丰田汽车有限公司

广汽丰田汽车有限公司（简称广汽丰田）成立于2004年9月，由广汽集团与日本丰田汽车公司各出资50%组建，合作期限30年。全新的丰田凯美瑞如图2-98所示。目前主要生产雷凌、凯美瑞、XRV、汉兰达等车型。

▲ 图2-98　广汽丰田凯美瑞

六、中国长安汽车集团股份有限公司

中国长安汽车集团股份有限公司（简称中国长安）成立于2005年12月，是中国兵器装备集团公司、中国航空工业集团公司联手，对旗下汽车产业进行战略重组，成立的一家特大型企业集团。

在整车领域，中国长安拥有自主品牌长安汽车（图2-99），主要生产奔奔、逸动、悦翔、CS35、CS55（图2-100）、CS75等车型。

▲ 图2-99　长安汽车车标

▲ 图2-100　长安CS55汽车

中国长安始终坚持"自主创新"与"合资合作"并举，先后携手福特、铃木、马自达、法国标致雪铁龙集团（PSA）等跨国企业建立了战略合作伙伴关系，成立了长安铃木、长安马自达、长安福特等合资企业，旗下生产的蒙迪欧-致胜、福克斯、嘉年华、马自达3、马自达2等多款产品，深受广大用户喜爱。

七、中国其他汽车公司

1. 奇瑞汽车股份有限公司

奇瑞汽车股份有限公司于1997年1月8日注册成立，总部位于安徽省芜湖市。1999年12月18日，第一辆奇瑞轿车下线。

奇瑞是成长最快的中国自主品牌企业之一，2003年，奇瑞推出三款新车型，即QQ、东方之子和旗云。2004年，中国"十大畅销车型"中表现最突出的是奇瑞QQ，奇瑞QQ也成为微型轿车的代名词。经过20年的创新发展，现已成为国内最大的集汽车整车、动力总成和关键零部件的研发、试制、生产和销售为一体的自主品牌汽车制造企业之一，同时也成为中国最大的乘用车出口企业。公司已具备年产90万辆整车、90万台发动机及80万台变速器的生产能力。

▲ 图 2-101 奇瑞汽车车标

奇瑞汽车车标（图2-101）以一个循环椭圆为主题，由三个字母"C""A""C"组成，是Chery Automobile Company的缩写。中间镶有钻石状立体三角形，主色银色代表着质感、科技和未来。中间的钻石形构图，代表了奇瑞汽车对品质的追求，并以打造钻石般的品质为企业坚持的目标。蓬勃向上的人字形支撑，则代表了奇瑞汽车执着创新、积极乐观、乐于分享的正能量，支撑起品质、技术、国际化的奇瑞汽车不断前行，同时人字形代表字母A，喻示奇瑞汽车追求卓越的决心和激情。

> **小知识**
>
> 奇瑞汽车公司旗下现有艾瑞泽系列、瑞虎系统、捷途和星途系统车型，如图2-102所示。
>
>
>
> ▲ 图 2-102 奇瑞汽车系列车型

2. 浙江吉利控股集团

浙江吉利控股集团有限公司（简称吉利控股集团）是一家以汽车及汽车零部件生产经营为主要产业的大型民营企业集团，始建于1986年，1997年进入汽车行业，公司总部设在浙江省杭州市，旗下拥有沃尔沃汽车、吉利汽车、领克汽车、Polestar、宝腾汽车、路特斯汽车等品牌。

吉利汽车（图2-103）拥有博瑞系列、博越系列、帝豪系列（图2-104）、远景系列等车型，2018年全年销售150多万辆，是全国销售量最大的自主品牌车企。

▶ 图2-103　吉利汽车车标

▶ 图2-104　吉利帝豪GS汽车

2010年8月2日，吉利控股集团以18亿美元的价格收购沃尔沃轿车公司。

2013年2月20日，吉利控股集团以1104万英镑收购英国百年企业——英国锰铜的核心资产与业务，并将其改名为伦敦出租车公司，从而完全拥有了伦敦经典出租车及其附属资产。

2017年5月24日，吉利控股集团与马来西亚DRB-HICOM集团签署协议，吉利控股集团收购该公司旗下宝腾（Proton）汽车49.9%以及宝腾汽车旗下路特斯（Lotus）汽车51%的股份。

2018年2月24日，吉利控股集团以90亿美元的价格通过旗下海外企业主体收购戴姆勒汽车公司9.69%具有表决权的股份。此次收购完成后，吉利控股集团成为戴姆勒最大的股东，并承诺长期持有其股权。

3. 比亚迪汽车公司

比亚迪汽车公司（以下简称"比亚迪"）创立于1995年，是中国一家高新技术的民营企业，总部位于广东省深圳市坪山。

比亚迪在广东、北京、上海、长沙、宁波和西安等地区建有九大生产基地，并在美国、日本、韩国、印度等地设有分公司或办事处。

比亚迪汽车遵循自主研发、自主生产、自主品牌的发展路线，短短几年时间内，比亚迪汽车的产品线由原来单一的"福莱尔"微型轿车，迅速扩充为包括A级燃油车、C级燃油车、纯电动汽车、混合动力汽车在内的全线产品。

随着汽车技术的发展，中国汽车产业已逐渐缩小了与汽车发达国家的差距，并最终在新能源汽车的研发与产业化上走在了世界的前列。以中国目前的市场优势和政策鼓励，比亚迪在全球新一轮汽车产业调整中占得先机，并已占据全球新能源汽车争夺战的制高点。目前已经推出多款纯电动汽车。

比亚迪车标（图2-105）"BYD"主要有两层含义：一是比亚迪企业名字的首字母组合，简洁明了地向人们展示企业

▶ 图2-105　比亚迪汽车车标

名称，这样更容易让消费者记住该企业及其产品；二是英文 Build Your Dream——建造你的梦想。这是公司的理念和精神，直接用 BYD 作为产品的标志，让消费者在使用或购买产品时联想起公司的这个理念，从而产生认同感，有利于培养消费者忠诚度。

比亚迪目前生产秦、唐、宋（图 2-106）、元等系统车型。

▲ 图 2-106 比亚迪新能源 SUV 宋

4. 长城汽车公司

长城汽车公司是成立于 1984 年的中国自主汽车品牌，总部位于河北省保定市，主要生产皮卡、SUV、轿车及新能源汽车等车型。长城汽车是中国首家在香港 H 股上市的民营整车汽车企业、国内规模最大的皮卡 SUV 专业厂、跨国公司，拥有 4 个整车生产基地（皮卡、SUV、CUV、轿车 MPV），具备了发动机、前后桥、变速器等核心零部件自主生产与配套的能力。

长城汽车（图 2-107）旗下拥有哈弗（图 2-108）、长城、WEY 和欧拉四个品牌，产品涵盖 SUV、轿车、皮卡、新能源汽车四大品类。

长城汽车是第一批走出国门的中国汽车企业，1998 年实现出口，出口产品涵盖 SUV、轿车、皮卡，主要出口俄罗斯、智利、南非等国家与地区。

长城汽车的全球化战略也积极响应国家的一带一路号召，已经在俄罗斯建立了制造厂。此外，在马来西亚、厄瓜多尔、伊朗、突尼斯、保加利亚拥有 5 个海外 KD 组装厂。

▲ 图 2-107 长城汽车车标

▲ 图 2-108 长城哈弗 H6 汽车

思考与练习

一、填空题

1. _____总部位于吉林省长春市，是新中国汽车工业的摇篮，拥有_____、_____、奔腾等自主品牌。

2. _____品牌更是一汽乃至中国汽车工业完全拥有知识产权和产品开发能力的民族第一品牌。

第二章　世界著名汽车公司与品牌

3. 隶属一汽集团下的汽车公司有一汽解放、一汽轿车、_____和_____。

4. 隶属东风汽车集团下的汽车公司有神龙汽车、_____、东风悦达起亚汽车和_____等。

5. 上海汽车集团下属主要企业有乘用车分公司、南京名爵（MG）、_____、_____、上汽荣威、上汽通用五菱等整车企业。

6. 广州汽车集团股份有限公司旗下拥有广汽乘用车、_____、_____、广汽新能源、广汽菲亚特克莱斯勒等数十家知名企业。

二、判断题

1. 东风汽车集团公司总部位于湖北省武汉市，其前身是1969年始建于湖北十堰的"第二汽车制造厂"。（　　）

2. 东风汽车车标以艺术变形手法，取燕子凌空飞翔时的剪形尾翼作为图案基础，含义是双燕舞东风。（　　）

3. 荣威是上汽集团旗下的一款汽车品牌，该品牌下的汽车技术来源于上汽集团之前收购的英国罗孚汽车。（　　）

4. 比亚迪车标是比亚迪企业名字的首字母组合，简洁明了地向人们展示企业名称，这样更容易让消费者记住该企业及其产品。（　　）

5. 比亚迪汽车公司创立于1995年，是一家高新技术的民营企业，总部位于上海。（　　）

6. 奇瑞汽车车标代表了奇瑞汽车执着创新、积极乐观、乐于分享的正能量。（　　）

三、选择题

1. 2018年2月，以90亿美元收购戴姆勒汽车公司9.69%具有表决权股份的是（　　）。
   A. 长安集团　　　　B. 奇瑞汽车　　　　C. 吉利控股集团　　D. 长城汽车

2. 以下不是自主汽车品牌的是（　　）。
   A. 吉利　　　　　　B. 红旗　　　　　　C. 奇瑞　　　　　　D. 斯柯达

3. 2010年8月，吉利控股集团以18亿美元的价格收购（　　）轿车公司。
   A. 大众　　　　　　B. 沃尔沃　　　　　C. 福特　　　　　　D. 菲亚特

4. 哈弗、WEY和欧拉等是（　　）汽车公司的车型。
   A. 比亚迪　　　　　B. 丰田　　　　　　C. 奇瑞　　　　　　D. 长城

5. 秦、唐、宋、元等是（　　）汽车公司的车型。
   A. 比亚迪　　　　　B. 丰田　　　　　　C. 奇瑞　　　　　　D. 吉利

6. 拥有博瑞系列、博越系列、帝豪系列、远景系列等车型的汽车公司是（　　）
   A. 长安汽车　　　　B. 奇瑞汽车　　　　C. 吉利汽车　　　　D. 长城汽车

第三章 / Chapter 3

汽车的总体结构

第一节 汽车概述

一、汽车的定义

汽车是指由自身装备的动力装置驱动,一般具有四个或四个以上车轮,不依靠轨道或架线而在陆地行驶的车辆。

二、汽车的分类

1. 根据汽车的动力装置分类

根据汽车的动力装置,汽车分为汽油机汽车、柴油机汽车、混合动力汽车和纯电动汽车等,如图3-1所示。

▶ 图3-1 按照动力装置分类

a) 汽油发动机汽车 b) 柴油发动机汽车 c) 混合动力汽车 d) 纯电动汽车

2. 根据汽车的用途分类

2002年3月1日我国正式实施《汽车和挂车类型的术语和定义》(GB/T 3730.1—2001)新标准,将汽车按用途分为乘用车和商用车。

1)乘用车是指在其设计和技术特性上主要用于载运乘客及其随身行李和/或临时物品的汽车,包括驾驶人座位在内最多不超过9个座位。它也可以牵引一辆挂车。

2)商用车是指在设计和技术特性上用于运送人员和货物的汽车,并且可以牵引挂车(乘用车不包括在内)。

三、车辆识别代码（VIN 码）

1. VIN 码的编码规则

VIN 码，也称 17 位编码，如图 3-2 所示，是国际上通行的标识机动车辆的代码，是制造厂给每一辆车指定的一组字码，一车一码，保证在 30 年内不会重复，具有在世界范围内对一辆车的唯一识别性。

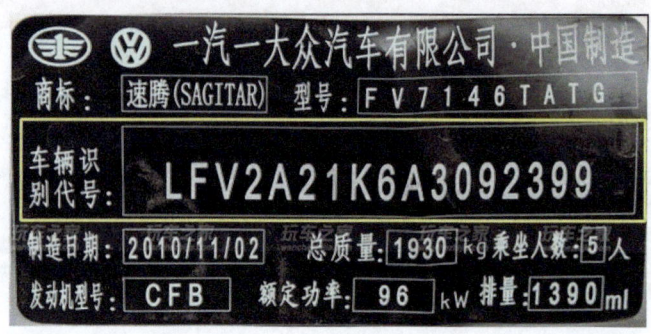

▲ 图 3-2　车辆识别代码（VIN 码）

VIN 码由世界制造厂识别代码（WMI）、车辆描述码（VDS）和车辆指示码（VIS）三部分组成，如图 3-3 所示。

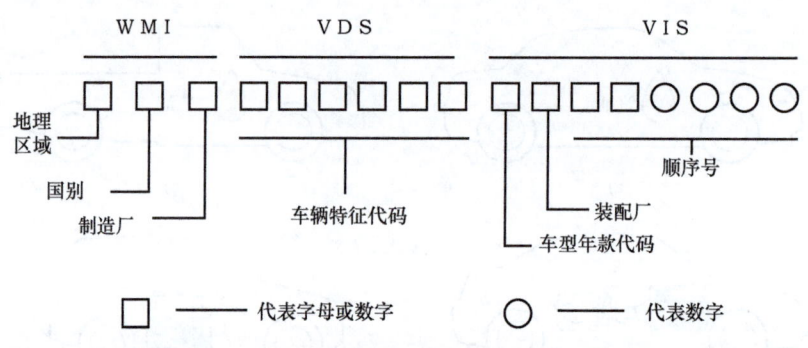

▲ 图 3-3　VIN 码的组成

（1）世界制造厂识别代码（WMI）　通常占 VIN 码的前 3 位。世界制造厂识别代码用来标识车辆制造厂的唯一性，这部分必须经过申请、批准和备案后方能使用。

（2）车辆描述码（VDS）　用于说明车辆的一般特性，由 VIN 码的第 4~9 位共 6 位字符组成。其中第 4 至第 8 位 5 个字码用以说明和反映车辆一般特征，如品牌、种类、系统、车身类型、底盘类型、发动机类型、约束系统、制动系统和额定总质量等。第 9 位为检验位，应填入一个用来表示车辆识别代号书写准确性的"检验数字"（一个数字或一个字母 X）。

（3）车辆指示码（VIS）　这部分由 8 位字符组成，其最后 4 位字符应是数字。车辆指示码部分第 1 位字符一般指示车辆生产年份，用阿拉伯数字 1~9 和大写的英文字母 A~Z（不包括字母 I、O、Q、U、Z）表示。2008 年代码为 8，2009 年代码为 9，2010 年代码为 A，2011 年代码为 B……以此类推。第 2 位字符可以用来指示装配厂代号。最后 6 位为某年份某装配厂生产的产品顺序号。

2. VIN 码的位置

VIN 码的常见位置在驾驶人侧车门门框或右前车门门框上，同时，一般还会在驾驶人侧仪表盘上铭刻，如图 3-4 所示。

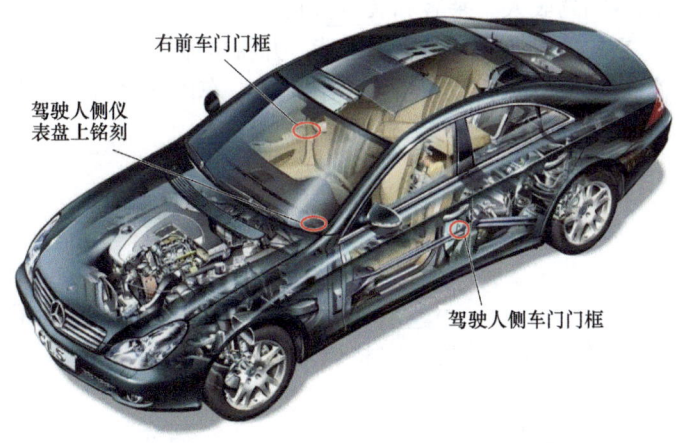

▲ 图 3-4　车辆识别代码常见位置

四、汽车的总体构造

汽车主要由发动机、底盘、车身和电气设备四部分组成，如图 3-5 所示。

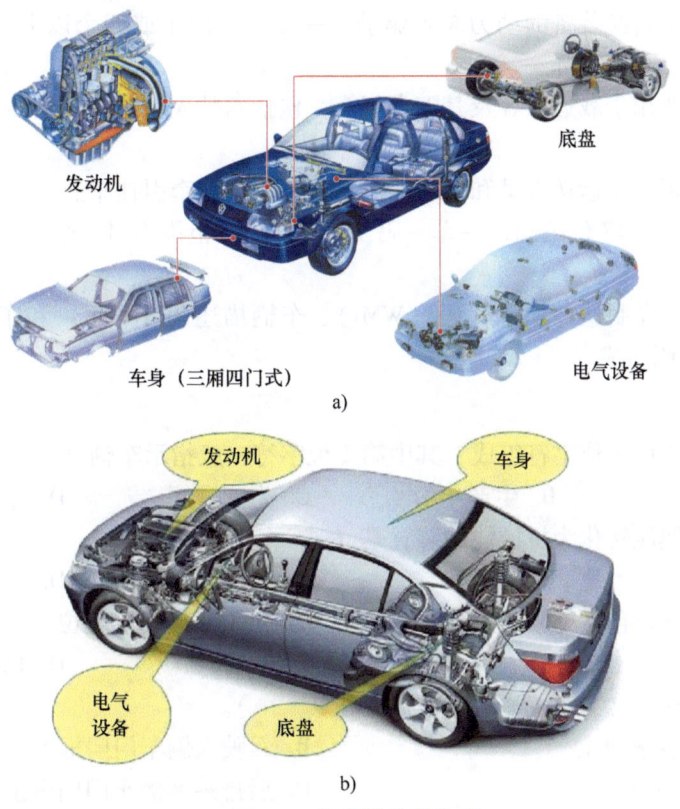

▲ 图 3-5　汽车的总体构造

汽车概论

（1）**发动机** 发动机是汽车的动力装置，它将燃料燃烧放出的热能转化为机械能，由发动机的飞轮输出动力。

（2）**底盘** 底盘主要用于传递发动机发出的动力到车轮，支撑车辆，使汽车产生运动和停止，保证汽车可以正常行驶。它主要由传动系统、行驶系统、转向系统和制动系统组成。

（3）**车身** 用以容纳驾驶人、乘客和装载货物。

（4）**电气设备** 它的功用是储存一定的电能，并将电能转换成机械能、光能或热能等输出，包括发电机、蓄电池、起动机、点火系统、仪表盘、车内外照明、车载音响等用电设备。

思考与练习

一、填空题

1. 汽车主要由_____、_____、车身和_____四部分组成。

2. _____是汽车的动力装置，它将燃料燃烧放出的_____能转化为机械能，由飞轮输出动力。

3. 根据汽车的动力装置不同分类，可分为_____汽车、_____汽车、混合动力汽车和纯电动汽车等。

4. 2002年3月1日我国正式实施《汽车和挂车类型的术语和定义》（GB/T 3730.1—2001）新标准，将汽车按用途分为_____和_____。

二、判断题

1. 汽车是指由自身装备的动力装置驱动，一般具有四个或四个以上车轮，不依靠轨道或架线而在陆地行驶的车辆。（ ）

2. 乘用车主要用于载运乘客及其随身行李，包括驾驶人座位在内最多不超过12个座位。（ ）

3. 商用车是指用于运送人员和货物的汽车，并且可以牵引挂车。（ ）

4. VIN码，也称17位编码，一车一码，具有在世界范围内对一辆车的唯一识别性。（ ）

5. VIN码由世界制造厂识别代码（WMI）、车辆描述码（VDS）和车辆指示码（VIS）三部分共18位编码组成。（ ）

三、选择题

1. 车辆指示码由8位字符组成，其中第1位字符一般指示车辆（ ）。
   A. 厂家代码　　　B. 生产年份　　　C. 生产顺序　　　D. 车辆描述码

2. 汽车上将热能转化为机械能的装置是（ ）。
   A. 发动机　　　B. 底盘　　　C. 车身　　　D. 电气设备

3. 乘用车的座位包括驾驶人座位在内最多不超过（ ）个座位。
   A. 5　　　B. 7　　　C. 9　　　D. 12

4. 车辆识别代码常见位置一般不会标注在（ ）。
   A. 驾驶人侧仪表盘上　　　　　　B. 驾驶人侧车门门框上
   C. 乘客侧车门门框上　　　　　　D. 后排乘客侧车门门框上

第二节 汽车发动机的认知

一、发动机的功用

发动机是汽车的动力源，其功用是使燃料燃烧，再将热能转化为机械能，驱动汽车行驶，并驱动其他机电设备。

由于汽车发动机是将燃料直接送入机器内部燃烧而产生热能，因此也称为内燃机。

二、发动机的分类

根据所用燃料种类不同，发动机主要分为汽油机和柴油机两大类，如图3-6所示。汽油机即以汽油为燃料的发动机，目前在我国轿车上大量采用。柴油机即以柴油为燃料的发动机，在货车和客车上大量采用。

a)   b)

▶ 图3-6 发动机的类型
a）汽油机 b）柴油机

三、发动机的工作原理

发动机将热能转化为机械能的过程，是经过进气、压缩、做功和排气四个行程来完成一个工作循环。曲轴旋转两周，活塞往复四个行程完成一个工作循环的发动机称为四冲程发动机。

四冲程汽油机工作原理

1. 进气行程

活塞在曲轴的带动下由上止点（活塞运动的最高点）移至下止点（活塞运动的最低点）。此时排气门关闭，进气门开启，如图3-7所示。

2. 压缩行程

进气行程结束后，曲轴继续带动活塞由下止点移至上止点。这时，进、排气门均关闭，如图3-8所示。

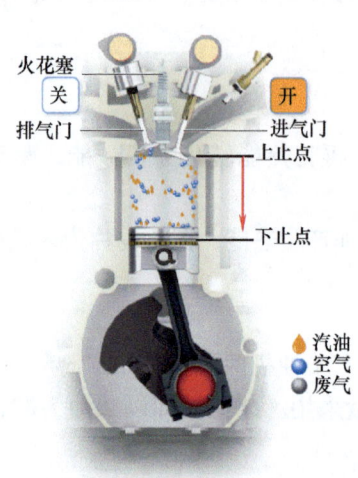

▲ 图3-7 进气行程

▲ 图3-8 压缩行程

3. 做功行程

压缩行程结束时，安装在气缸盖上的火花塞产生电火花，将气缸内的可燃混合气点燃，火焰迅速传遍整个燃烧室，同时放出大量的热能。燃烧气体的体积急剧膨胀，压力和温度迅速升高。在气体压力的推动下，活塞由上止点移至下止点，并通过连杆推动曲轴旋转做功。这时，进、排气门仍旧关闭，如图3-9所示。

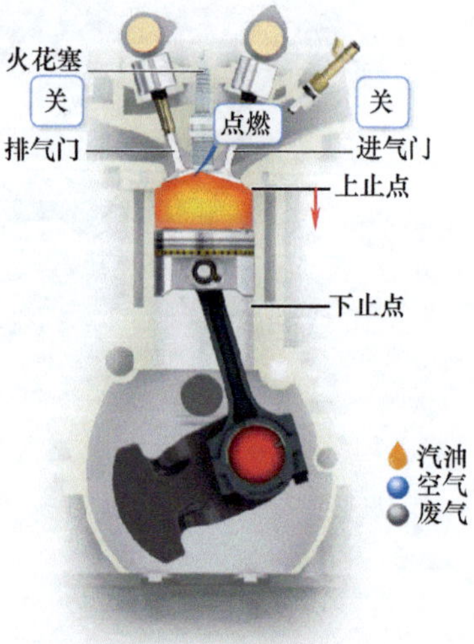

4. 排气行程

排气行程开始，排气门开启，进气门仍然关闭，曲轴通过连杆带动活塞由下止点移至上止点，此时膨胀过后的燃烧气体（或称废气）在其自身剩余压力和活塞的推动下，经排气门排到气缸之外。当活塞到达上止点时，排气行程结束，排气门关闭，如图3-10所示。

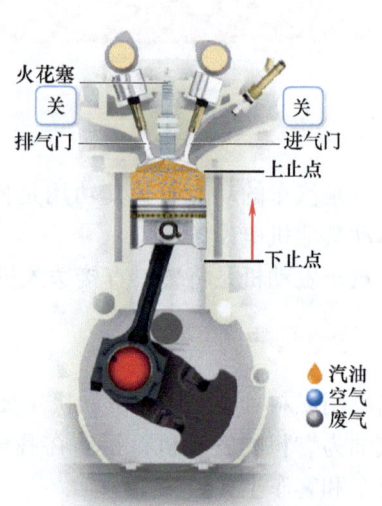

▲ 图3-9 做功行程

四、发动机构造

发动机主要由曲柄连杆机构、配气机构两大机构和燃料供给系统、润滑系统、冷却系统、点火系统和起动系统五大系统组成；柴油机由两大机构和四大系统组成（无点火系统）。汽油机的整体构造如图3-11所示。

第三章 汽车的总体结构

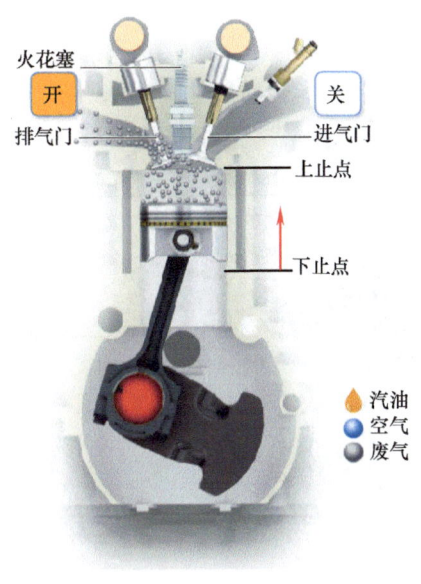

▲ 图3-10 排气行程

▲ 图3-11 汽油机整体构造

1. 曲柄连杆机构

曲柄连杆机构是发动机实现工作循环，完成能量转换的主要运动零部件。它由机体组、活塞连杆组和曲轴飞轮组等组成，如图3-12所示。

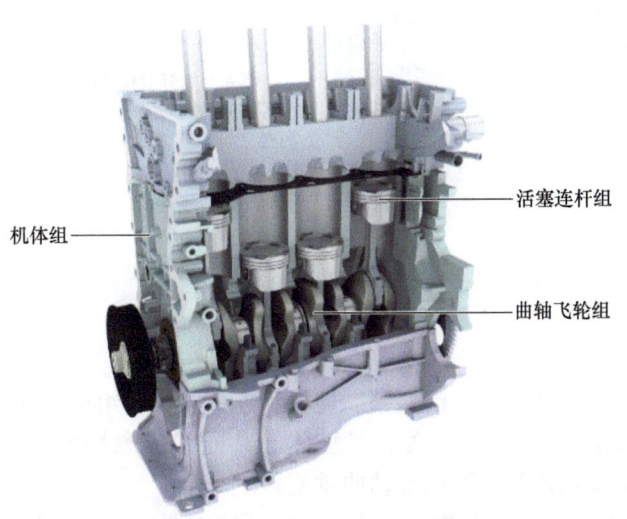

▲ 图3-12 曲柄连杆机构的组成

（1）机体组的功用与组成　机体组是构成发动机的骨架，是发动机各机构和各系统的安装基础，其内外安装着发动机的所有主要零部件和附件，承受各种载荷。

机体组主要由气缸体、气缸盖、气缸垫、曲轴箱等组成，如图3-13所示。

1）气缸体。气缸体是发动机各个机构和系统的装配基体，并由它来保持发动机各运动件相互之间的准确位置关系。气缸体中间有数个为活塞做导向的圆柱形空腔，称为气缸；下部为

63

支撑曲轴的曲轴箱；内部有供润滑油通过的油道和供冷却液循环的水套等。

2）气缸盖。气缸盖的作用是封闭气缸上部并与活塞顶部、气缸壁共同构成燃烧室，同时为其他零部件提供安装位置。

3）气缸垫。气缸垫装在气缸盖与气缸体之间，其功用是保证气缸盖与气缸体接触面的密封，防止漏气、漏水和漏油。

(2) 活塞连杆组的功用与组成

活塞连杆组承受气缸中可燃混合气燃烧后产生的作用力，并将此力通过活塞销传给连杆，以推动曲轴旋转，如图 3-14 所示。

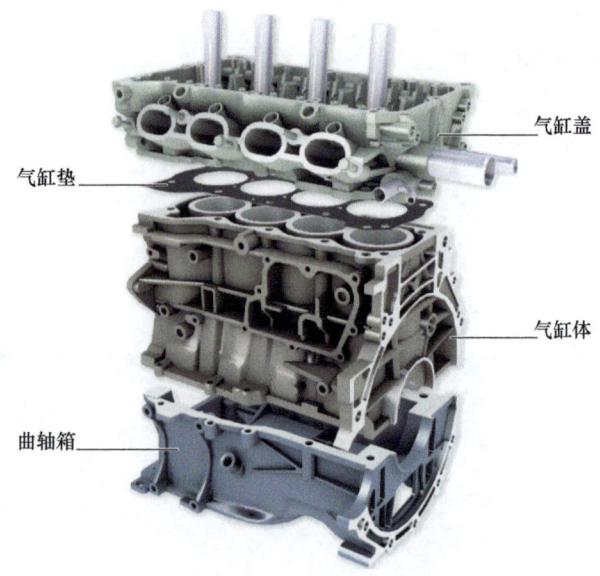

▲ 图 3-13 机体组的组成

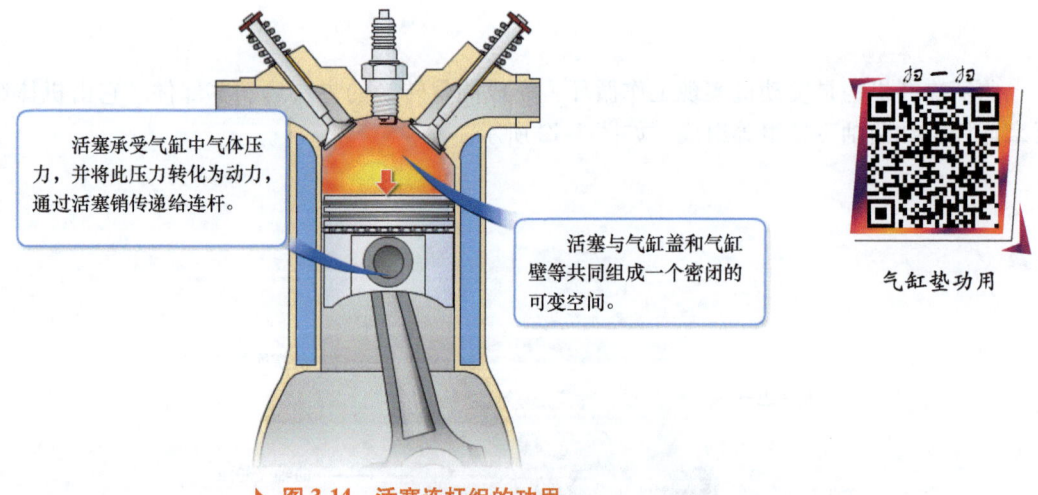

▲ 图 3-14 活塞连杆组的功用

活塞连杆组由活塞、活塞环、活塞销、连杆和连杆轴承等组成，如图 3-15 所示。

1）活塞。活塞的功用是与气缸盖、气缸体等共同组成燃烧室，承受气缸中气体的压力，并将此力通过活塞销传给连杆以推动曲轴旋转。

2）活塞环。活塞环包括气环和油环两种，气环的主要功用是保证活塞与气缸壁间的密封，防止气缸内的可燃混合气和高温燃气漏入曲轴箱。油环的主要功用是刮除飞溅到气缸壁上多余的机油，并在气缸壁上涂布一层均匀的油膜。

3）活塞销。活塞销的作用是连接活塞与连杆，将活塞承受的气体作用力传递给连杆。

4）连杆。连杆的功用是将活塞承受的力传递给曲轴，并使活塞的往复直线运动转变为曲轴的旋转运动。

5）连杆轴承。连杆轴承也称连杆轴瓦（俗称小瓦），装在连杆大头的孔内，用以保护曲轴的连杆轴颈和连杆大头。

第三章 汽车的总体结构

（3）曲轴飞轮组的功用与组成 曲轴飞轮组的功用是承受连杆传来的动力，并转变为转矩向外输出，驱动汽车行驶，如图3-16所示。

曲轴飞轮组主要由曲轴、飞轮、止推垫片、扭转减振器（橡胶环和摩擦盘）、曲轮带轮和正时齿轮等组成，如图3-17所示。

1）曲轴。它的功用是把活塞连杆组传来的气体压力转变为转矩并对外输出，以驱动汽车底盘的传动系统和发动机的配气机构。

2）曲轴轴承与止推垫片。曲轴轴承也称为主轴承，俗称大瓦。装在缸体的主轴承孔内，其功用是保护曲轴主轴颈和机体的主轴承孔。

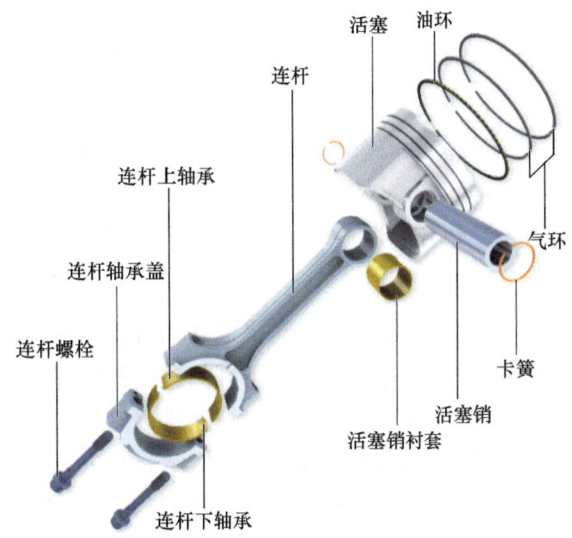

▶ 图3-15 活塞连杆组的组成

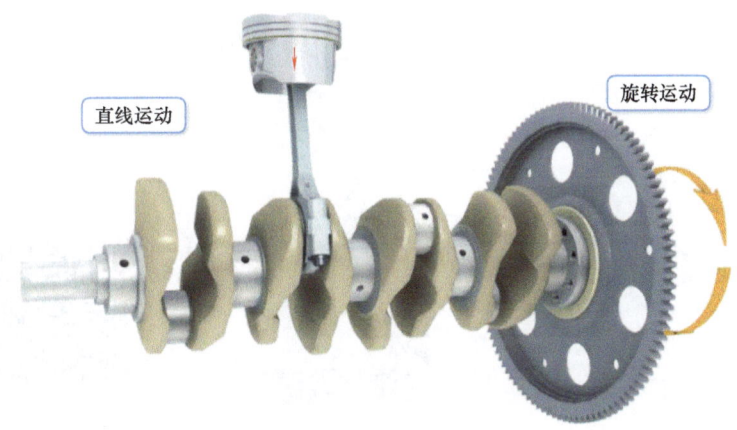

▶ 图3-16 曲轴飞轮组的功用

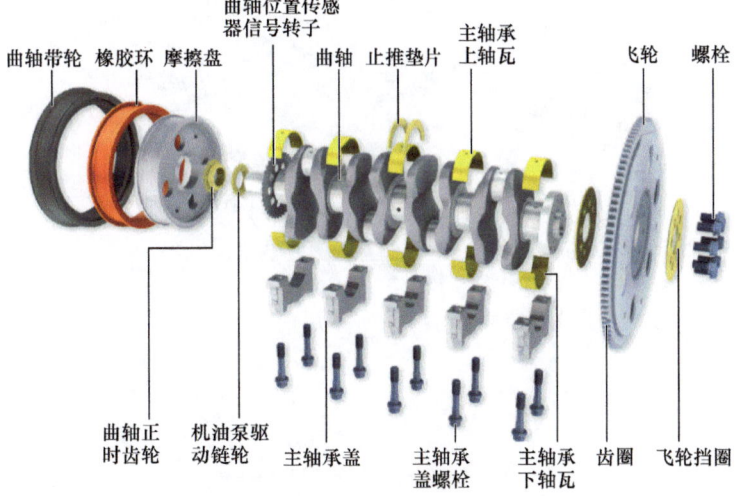

▶ 图3-17 曲轴飞轮组的组成

65

止推垫片也称为止推瓦或止推轴承,一般只在中间主轴颈上安装,其功用是限制曲轴的轴向位移量(俗称轴向间隙),防止曲轴与机体摩擦。

3)飞轮。它的功用是在做功行程中将传输给曲轴的一部分动能储存起来,用以在其他行程中克服阻力,带动曲柄连杆机构越过上、下止点,保证曲轴的旋转速度和输出转矩尽可能均匀,并将发动机的动力传给离合器。

4)扭转减振器。它主要由与曲轴相连的曲轴带轮轮毂、摩擦盘、橡胶环等组成。

2. 配气机构

配气机构是控制发动机进气和排气的装置,其功用是按照发动机的工作循环和点火次序的要求,定时开启和关闭各缸的进、排气门,以便在进气行程时使尽可能多的可燃混合气进入气缸;在排气行程将废气快速排出气缸,如图3-18所示。

配气机构的组成如图3-19所示。它由气门传动组和气门组组成。发动机工作时,曲轴通过气门传动组驱动气门组中气门的打开和关闭,使发动机完成进气、压缩、做功和排气行程。

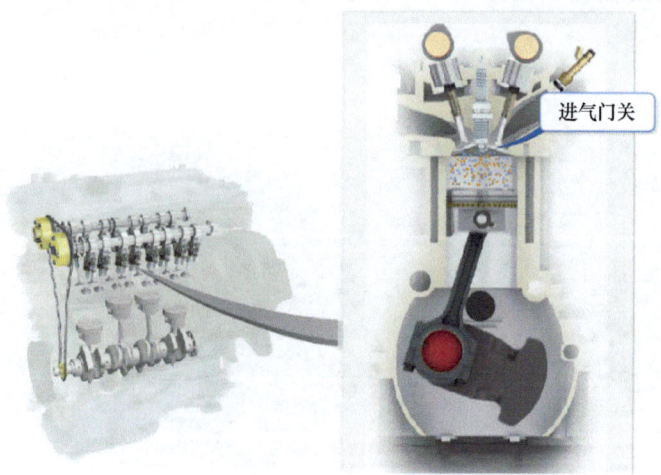

▲ 图3-18 配气机构的功用　　　　配气机构功用

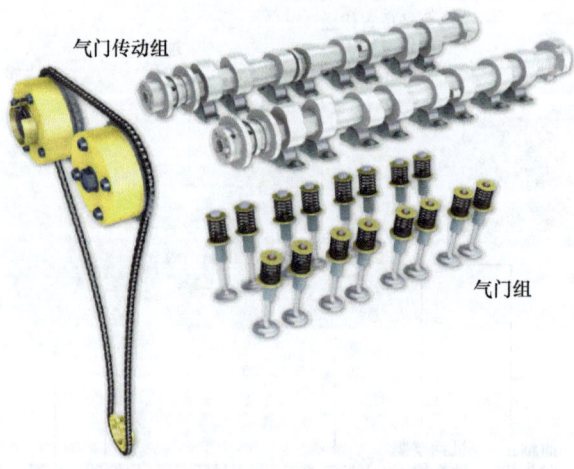

▲ 图3-19 配气机构的组成

(1) 气门组的功用与组成　气门组的主要功用是在发动机工作时,受气门传动组的控制,定时地开启或关闭进、排气门,让新鲜的可燃混合气进入气缸,废气及时地从气缸中排出。通过气门传动组中凸轮轴的转动压缩弹簧来打开气门,再通过气门弹簧的弹力回位来关闭气门。

气门组主要由进气门、排气门、气门座、气门导管、气门弹簧、气门锁片和气门油封等组成,如图3-20所示。

1) 气门。它的功用是用来密封进、排气道,每个气缸都有1~2个进气门和排气门,为了尽可能多地进气,一般进气门稍大一些,排气门稍小一些。

2) 气门座。它安装在气缸盖上,与气门头部共同对气缸起密封作用,并接收气门传来的热量。

3) 气门导管。它起导向作用,保证气门做直线往复运动,使气门与气门座正确贴合。

4) 气门弹簧。它的功用是关闭气门,靠弹簧张力使气门紧紧压在气门座上,克服气门和气门传动组所产生的惯性力,防止气门的跳动,保证气门的密封性。

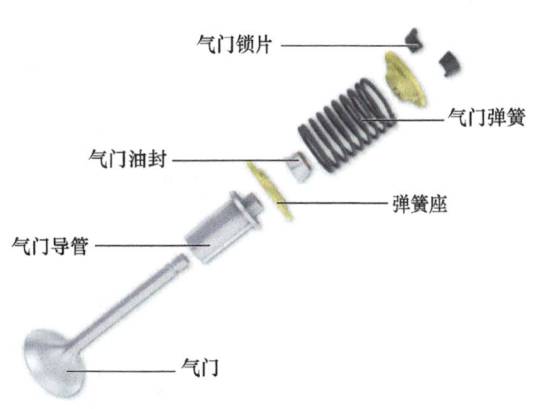

▲ 图3-20　气门组的组成

5) 气门锁片。为了将气门和气门弹簧可靠连接,防止气门脱落掉入气缸,一般采用锁片固定。

6) 气门油封。气门杆和气门导管之间有一定间隙,因此要在气门导管上安装气门油封,以防机油的泄漏。

(2) 气门传动组的功用与组成　气门传动组的功用是在曲轴的驱动下使进、排气门按规定的时刻进行开、闭。

气门传动组主要由曲轴正时齿轮、正时带(或正时链条)、凸轮轴正时齿轮、凸轮轴、挺柱、摇臂和摇臂轴等组成,如图3-21所示。

1) 正时带(齿形带)。它的功用是通过曲轴带动凸轮轴按规定的速度旋转(曲轴旋转2圈凸轮轴旋转1圈)。

2) 凸轮轴。它的功用是根据发动机工作循环要求,使各缸进、排气门按照配气相位规定的时间开启和关闭。

3) 挺柱。它的功用是将凸轮的推力传递给气门。一般有液压式和机械式两种。

3. 燃料供给系统

汽油机燃料供给系统的功用是根据发动机的要求,配制出一定数量和浓度的混合气,供

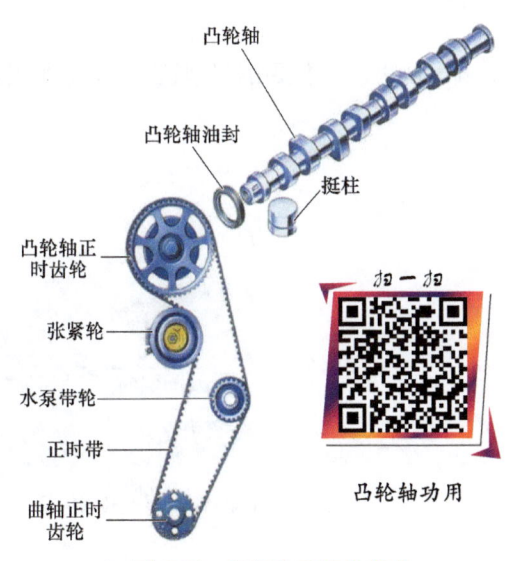

▲ 图3-21　气门传动组的组成

入气缸，并将燃烧后的废气从气缸内排出到大气中去。

燃料供给系统主要由空气供给系统、排气系统、燃油供给系统和电子控制系统等组成。

(1) **空气供给系统** 空气供给系统的功用是为发动机可燃混合气的形成提供必要的空气，如图3-22所示，空气经空气滤清器、空气流量传感器、节气门体进入进气总管，再分配到各缸进气歧管后进入气缸。

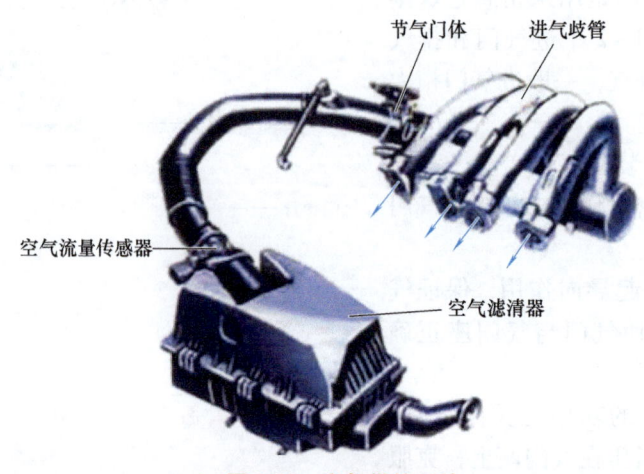

▲ 图3-22 空气供给系统

1) 空气滤清器。空气滤清器用来滤清空气中所含的尘土，以减少气缸、活塞、活塞环等零部件的磨损，延长发动机的使用寿命。

2) 节气门体。节气门体是驾驶人控制发动机吸入空气量的部件。汽车在正常行驶时，空气流量由节气门控制，而节气门由驾驶人通过加速踏板和加速踏板拉索操纵。

3) 进气歧管。它的功用是将空气或可燃混合气引入气缸，并保证进气充分及各缸进气量均匀一致。

(2) **排气系统** 排气系统的功用是将燃烧后的废气引到大气中，并净化废气中的有害成分、降低排气噪声，其主要由排气歧管、排气消声器和三元催化转换器等组成，如图3-23所示。

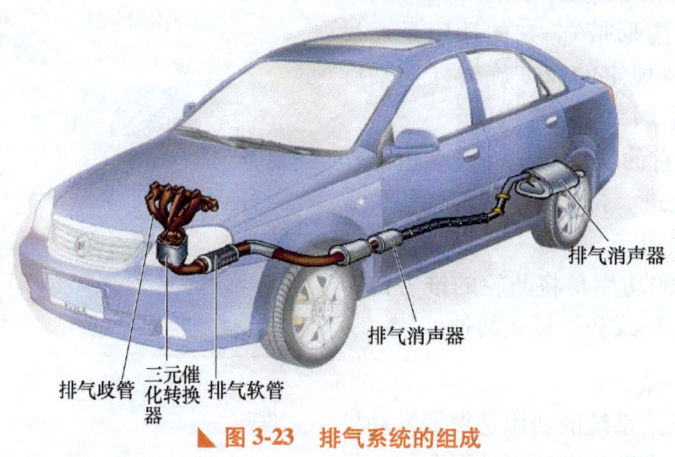

▲ 图3-23 排气系统的组成

（3）燃油供给系统　电控燃油供给系统的功用是为发动机提供所需的清洁的压力燃油。当发动机运行时，发动机控制单元根据空气流量信号、发动机转速信号及其他信号，计算出发动机燃烧所需要的燃油量，并在合适的时刻发出喷油信号，打开喷油器，向进气道或气缸内喷射适量的燃油，并与空气混合，供给发动机运行。

燃油供给系统一般由燃油箱、电动燃油泵、燃油压力调节器、燃油滤清器、喷油器、燃油分配管等组成，如图3-24所示。

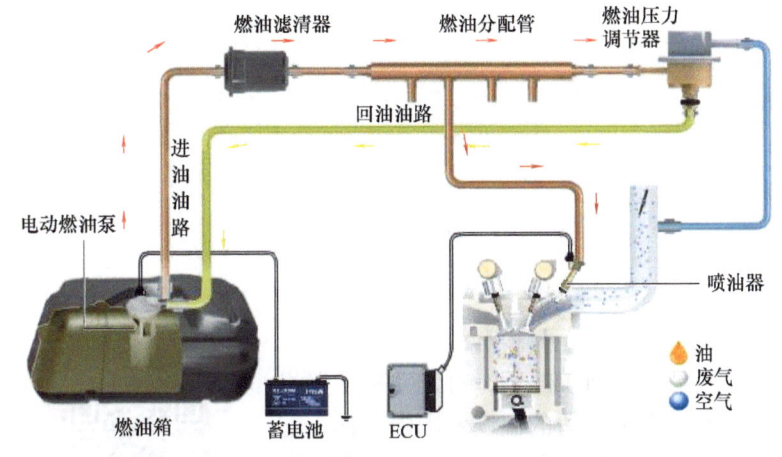

▲ 图3-24　燃油供给系统的组成

燃油供给系统工作原理

1）燃油箱。它的功用是用来储存燃油，它一般安装在车身后排坐垫的下方。

2）电动燃油泵。它的功用是将燃油从燃油箱内吸出，为发动机燃油供给系统提供压力燃油，一般安装在燃油箱内。

3）燃油滤清器。它安装在燃油泵之后的高压油路中，其功用是滤除燃油中的杂质和水分，防止燃油系统堵塞，以保证发动机正常工作。

4）喷油器。它是电控燃油喷射系统的执行元件，其功用是根据ECU的指令，将燃油雾状喷入进气歧管末端。

（4）电子控制系统　电子控制系统负责收集发动机的工况信息，确定最佳喷油时刻、最佳喷油量和最佳点火时刻。如图3-25所示，它主要由传感器、发动机控制单元（ECU）、执行器三大部分组成。

1）传感器。它是装在发动机各个位置的信号装置，用来检测发动机运行状态下的各种参数，并将它们转换成电信号，再输送给ECU，相当于人的"眼睛、耳朵和鼻子"。主要的传感器有进气压力传感器、曲轴位置传感器、凸轮轴位置传感器、节气门位置传感器、冷却液温度传感器、进气温度传感器、氧传感器和爆燃传感器等。

2）发动机控制单元。发动机控制单元也称ECU，它根据发动机各个位置上传感器发送来的信号，按照一定的程序进行运算、储存和分析处理，然后输出指令，控制执行元件工作，以达到快速、准确、自动控制发动机工作的目的。

3）执行器。它的功用是接收ECU的指令，完成必要的动作，如喷油、点火等，相当于人的"手和脚"。主要的执行器有燃油泵、喷油器、点火线圈和怠速控制阀等。

汽车概论

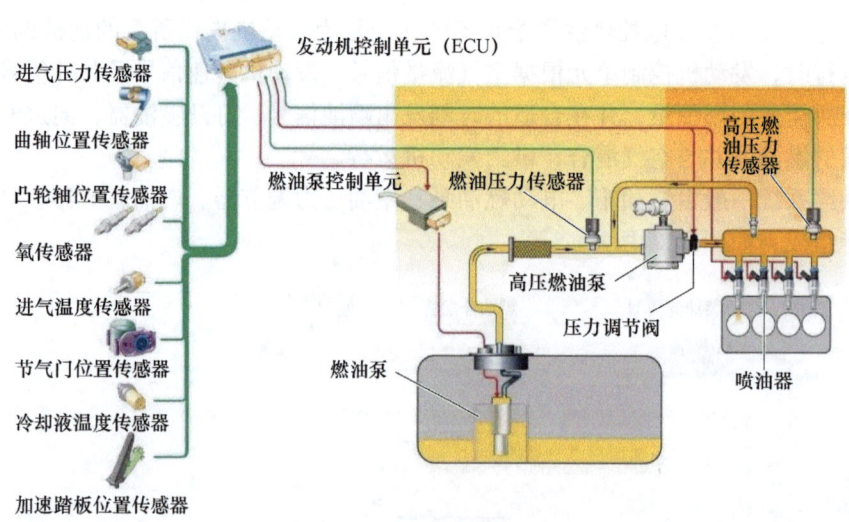

▲ 图 3-25 电子控制系统的组成

4. 冷却系统

发动机冷却系统的主要功用是在任何工况下，对发动机高温机件进行适度的冷却，使发动机始终在最合适的温度范围内工作，防止燃烧室附近的部件（如活塞、气门、气缸和缸垫等）因高温而损坏，从而保证发动机长久地正常工作，如图 3-26 所示。

发动机的水冷却系统由发动机机体内的散热器、膨胀水箱、水泵、节温器、风扇等组成，如图 3-27 所示。

冷却系统工作原理

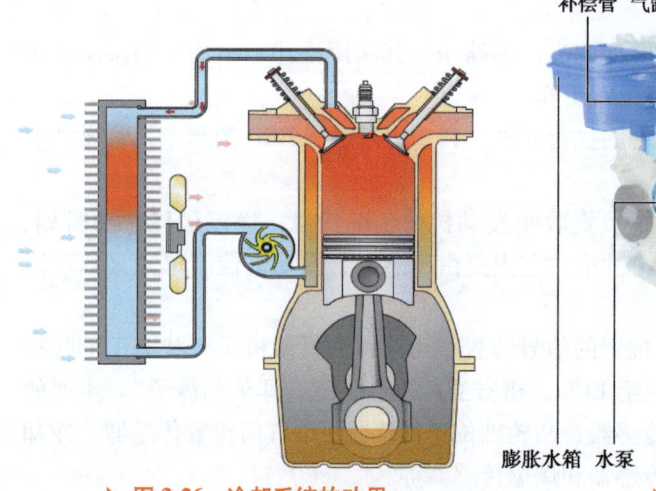

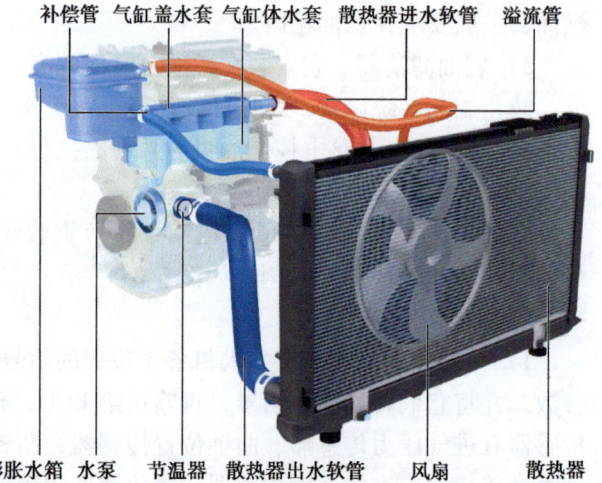

▲ 图 3-26 冷却系统的功用　　▲ 图 3-27 水冷却系统的组成

（1）**散热器**　散热器也称为水箱，将冷却液从水套内吸收的热量传递给外界空气，使冷却液降温，并为冷却系统储存一定量的冷却液。

（2）**膨胀水箱**　加注防冻液的汽车发动机常采用膨胀水箱。它有溢流管接口和补偿管接口两个软管连接接口，分别通过橡胶软管连接到发动机的水冷却系统中。

发动机工作时冷却液温度会升高并膨胀，水箱内压力上升，部分冷却液溢入膨胀水箱；当冷却液降温时，部分冷却液又被吸回散热器。

（3）水泵　水泵的功用是将冷却液加压后输送到发动机气缸体水套中，使之在冷却系统中循环流动。它安装在发动机气缸体上。水泵由曲轴通过正时带或驱动带带动叶轮旋转。当叶轮旋转时，水泵中的冷却液被叶轮带动一起旋转，使冷却液循环流动，如图 3-28 所示。

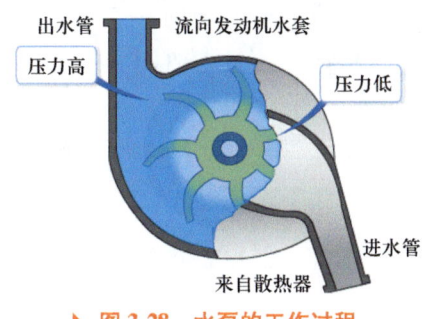

▲ 图 3-28　水泵的工作过程　　　离心式水泵工作原理

（4）节温器　节温器根据发动机的温度自动控制冷却液的循环路线。

常温时，即当发动机的冷却液温度低于 70℃ 时，节温器关闭，此时冷却液不经水箱散热，可使发动机温度迅速提高，这种循环方式称为小循环，如图 3-29 所示。

当发动机冷却液温度高于 90℃ 时，为了避免发动机过热，节温器自动打开，这种循环方式称为大循环，如图 3-30 所示。

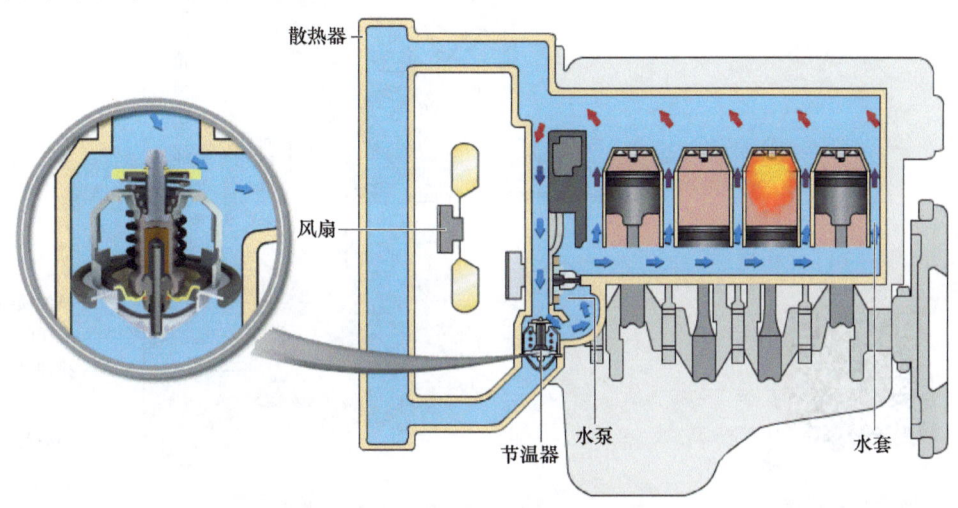

▲ 图 3-29　发动机小循环路线图

（5）风扇　风扇用来提高流经水箱散热片空气的流速和流量，以提高冷却强度，一般安装在水箱和发动机之间，由电机驱动。

5. 润滑系统

润滑系统的功用是在发动机工作时连续不断地把数量足够的洁净机油输送到所有传动件的摩擦表面，从而减小摩擦阻力，降低功率损耗，减轻机件磨损，达到提高发动机工作可靠

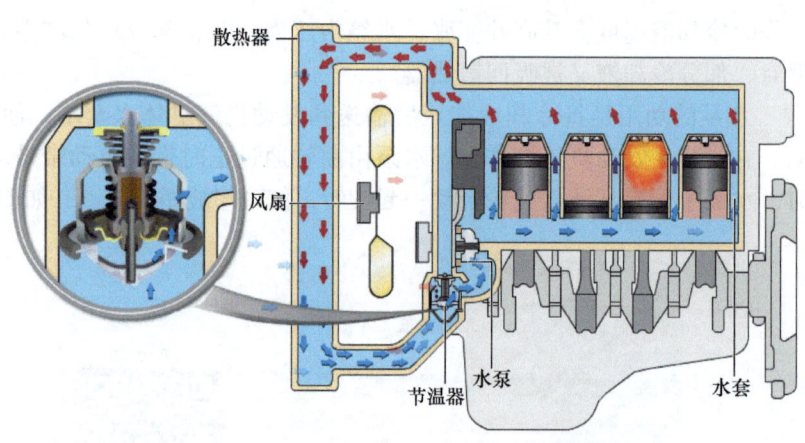

▲ 图 3-30　发动机大循环路线图

性和耐久性的目的。

当发动机工作时，机油泵从油底壳中吸取机油，经机油滤清器过滤后的机油分成两路：一路进入气缸体主油道，经主油道将机油分配到各曲轴主轴承，再由曲轴上的斜油孔通往各连杆轴承；第二路经过气缸体通向气缸体上平面油道，一般经气缸盖的螺纹孔进入气缸盖主油道，将机油分配到各凸轮轴轴颈及液压挺柱，润滑后的机油从回油道重新流回油底壳，如图 3-31 所示。

润滑系统原理

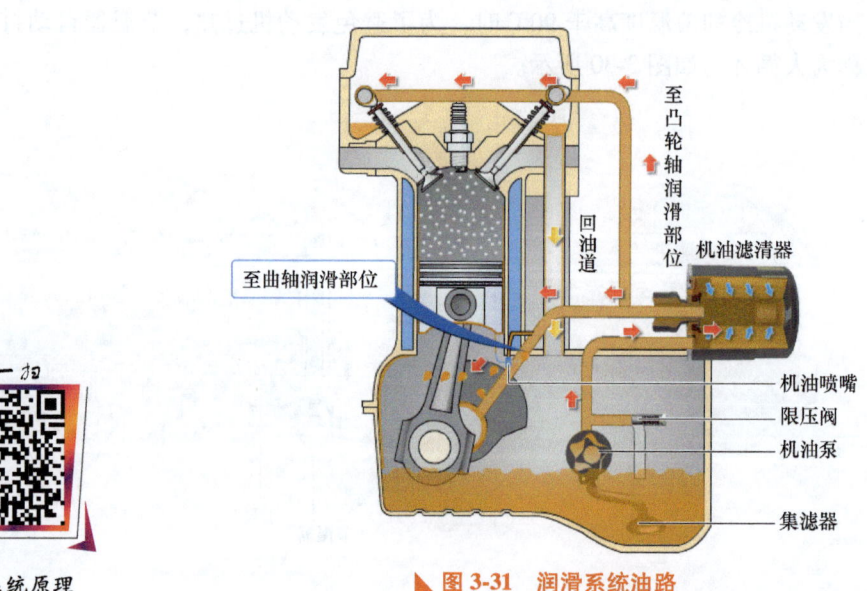

▲ 图 3-31　润滑系统油路

润滑系统一般由机油泵、油底壳、油道、机油滤清器、机油喷嘴、机油压力警告灯和机油尺等组成，如图 3-32 所示。

（1）**机油泵**　机油泵的功用是将油底壳中的机油加压输送到各个需要润滑的部位。

（2）**滤清器**

1）机油粗滤器。也称为集滤器，装在机油液面下，它用来过滤机油中较大颗粒的杂质，防止较大的机械杂质进入机油泵。

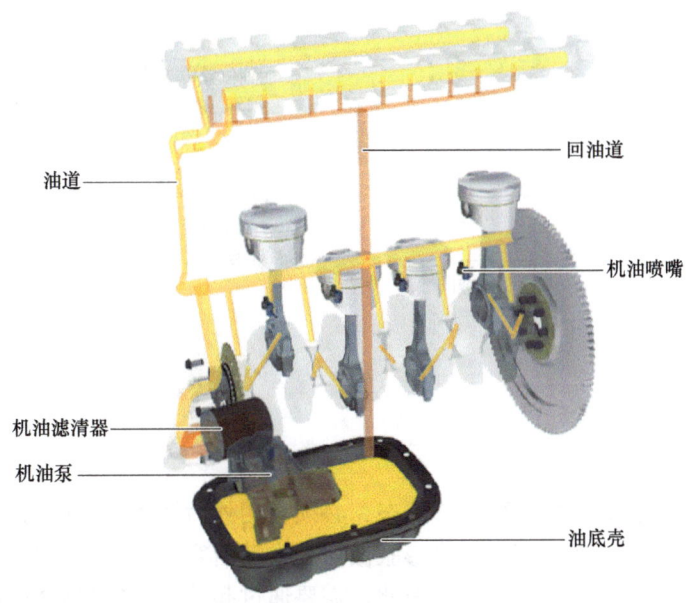

▲ 图 3-32　润滑系统的组成

2）机油滤清器。它的功用是过滤一些细小粉尘和金属粉粒。

（3）**机油尺**　机油尺的功用是用来检查机油液位和油质。它是一片金属杆，下端制成扁平形，并有刻线。油底壳内的机油应保持在机油尺的上限与下限之间。

（4）**机油压力警告灯**　机油压力警告灯设在驾驶室仪表板上，如图 3-33 所示，用来指示机油压力是否正常，便于驾驶人能随时掌握润滑系统的工作状况。当点火开关在"ON"位时，警告灯亮起；发动机起动后数秒内，警告灯熄灭，表示油压正常。

扫一扫

机油滤清器工作原理

6. 点火系统

汽油机正常工作的三要素：良好的空气与燃油的混合气；足够高的气缸压缩压力；正确的点火时刻及强烈的火花。点火系统的功用就是在最佳点火时刻产生强烈的电火花，点燃被压缩的空气与燃油的混合气，使发动机实现做功，如图 3-34 所示。

电控点火系统主要由点火线圈、火花塞、点火模块和 ECU 等组成，如图 3-35 所示。

（1）**点火线圈**　点火线圈的功用是在 ECU 的控制下产生近万伏的高压电，一般每缸配备一个点火线圈，在点火线圈内还有一个点火模块（也称点火放大器）。

（2）**火花塞**　火花塞的功用是让点火线圈的高压电产生电火花，点燃压缩后的可燃混合气。

▲ 图 3-33　机油压力警告灯

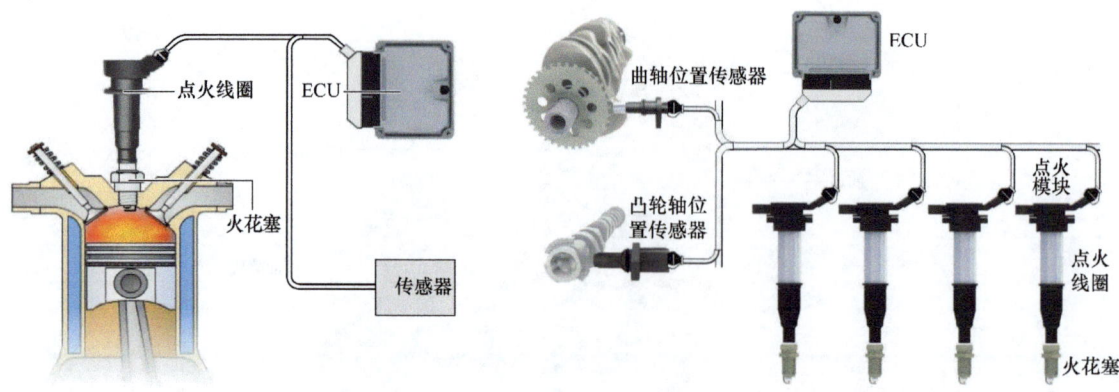

▲ 图 3-34 点火系统的功用　　　　　▲ 图 3-35 电控点火系统的组成

7. 起动系统

要使发动机由静止状态过渡到工作状态，必须先用外力转动发动机的曲轴，使活塞做往复运动，以使气缸内的可燃混合气燃烧膨胀做功，推动活塞向下运动使曲轴旋转，发动机才能自行运转，工作循环才能自行进行。因此，需要通过起动系统的起动机将蓄电池的电能转换成机械能，再带动发动机运转，如图 3-36 所示。

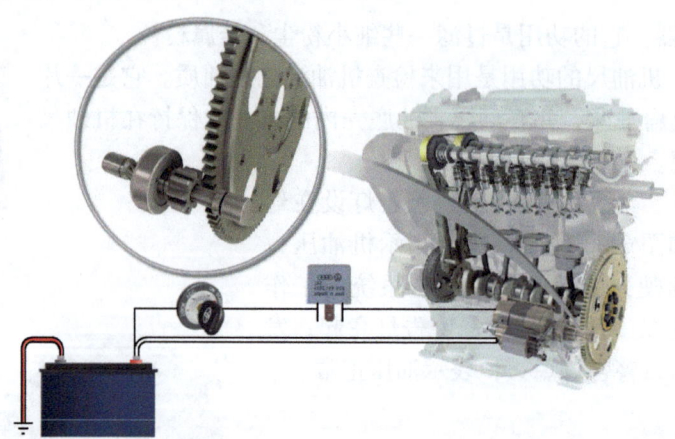

▲ 图 3-36 起动系统的功用

起动系统主要由蓄电池、控制电路（包含点火开关和起动继电器）和起动机三个部分组成，如图 3-37 所示。

起动机俗称马达，它的功用是把蓄电池的电能转换为机械能，产生电磁转矩，通过传动机构带动发动机飞轮旋转。

起动机主要由直流电机、传动机构（啮合机构）和控制装置（电磁开关）三部分组成，如图 3-38 所示。

1）直流电机。它的功用是将蓄电池输入的电能转换为机械能，产生电磁转矩。直流电机主要由壳体、定子绕组、转子、电刷、电刷架和前后端盖等组成，如图 3-39 所示。

2）传动机构。它的功用是把直流电机产生的转矩传递给飞轮齿圈，再通过飞轮齿圈把转矩传递给发动机的曲轴。传动机构主要由单向啮合器（也称单向离合器）、拨叉等组成，如图 3-40 所示。

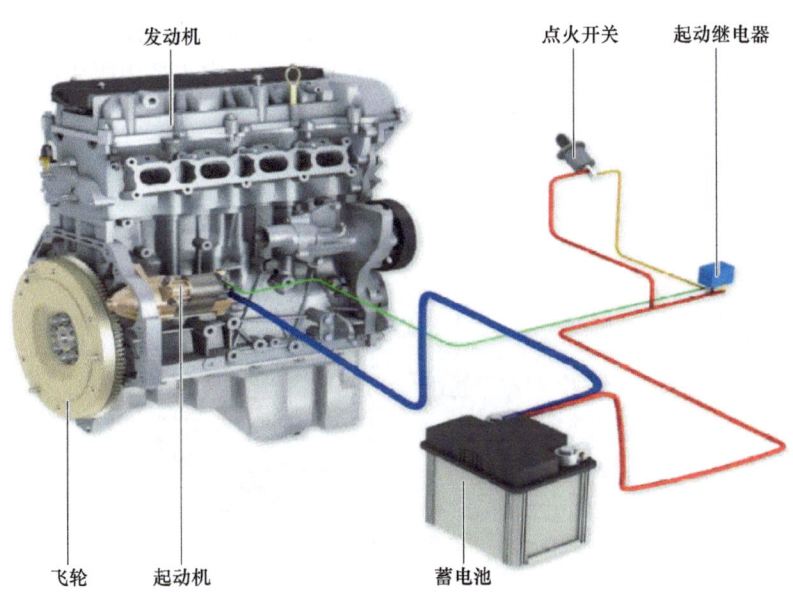

▲ 图 3-37 起动系统的组成

减速型起动机工作原理

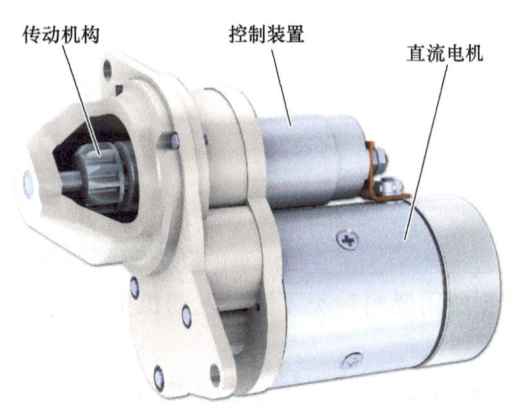

▲ 图 3-38 起动机的组成

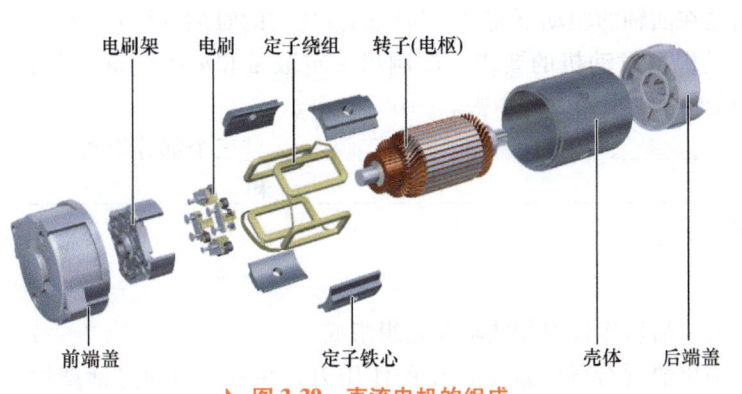

▲ 图 3-39 直流电机的组成

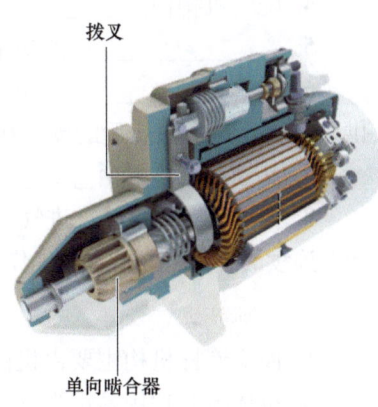

▲ 图 3-40 传动机构的组成

3）控制装置（电磁开关）。它的功用是控制单向离合器的驱动齿轮和飞轮的啮合与分离，并且控制直流电机电路的接通与切断。如图 3-41 所示，它主要由吸引线圈、保持线圈、回位弹簧、可动铁心、接触片和接线柱等组成。

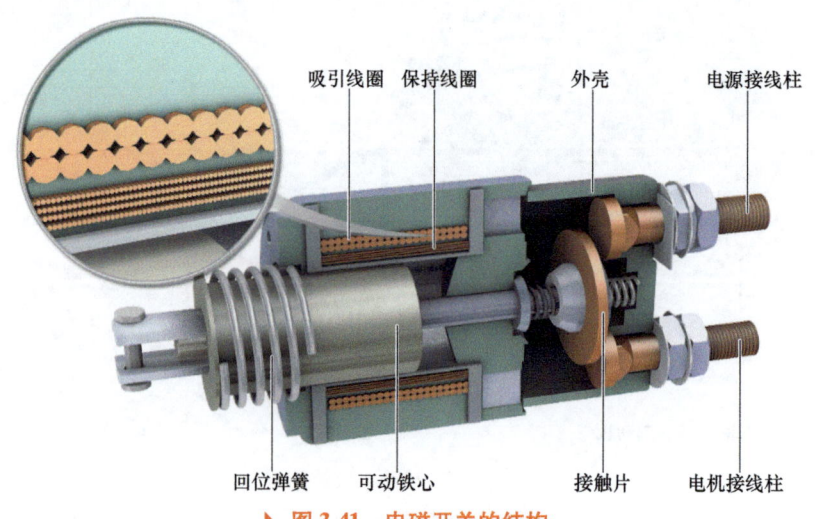

▲ 图 3-41　电磁开关的结构

思考与练习

一、填空题

1. _____是汽车的动力源，并驱动汽车行驶。

2. 根据所用燃料种类不同，发动机主要可分为_____和_____两大类。

3. 汽油机主要由_____、配气机构两大机构和燃料供给系统、_____、冷却系统、点火系统和_____五大系统组成。

4. 配气机构由_____和_____组成。

5. _____的功用是在曲轴的驱动下使进、排气门按规定的时刻进行开、闭。

6. _____的功用是根据发动机的要求，配制出一定数量和浓度的混合气，供入气缸，并将燃烧后的废气从气缸内排出到大气中去。

7. 起动系统主要由_____、控制电路和_____三个部分组成。

8. 四冲程发动机经过进气、_____、_____和_____四个连续的过程来完成一个工作循环。

二、判断题

1. 曲柄连杆机构主要由机体组、活塞连杆组和曲轴飞轮组组成。　　（　　）

2. 机体组的功用是承受气缸中可燃混合气燃烧后产生的作用力，并将此力通过活塞销传给连杆，以推动曲轴旋转。　　（　　）

3. 连杆的功用是将活塞承受的力传递给曲轴，并推动曲轴旋转。　　（　　）

第三章 汽车的总体结构

4. 空气供给系统的功用是为发动机可燃混合气的形成提供必要的压力燃油。（ ）
5. 电子控制系统由传感器、发动机控制单元（ECU）、执行器三大部分组成。（ ）
6. 传感器相当于人的"眼睛、耳朵和鼻子"。（ ）
7. 发动机冷却系统的功用是对发动机高温机件进行冷却，防止过热损坏。（ ）
8. 润滑系统的功用就是在发动机工作时提供压力润滑油到传动件的摩擦表面，以减小磨损。（ ）
9. 点火系统的功用就是在最佳点火时刻产生强烈的电火花，点燃被压缩的空气与燃油混合气。（ ）
10. 起动系统的功用是利用起动机将蓄电池的热能转换成机械能，再带动发动机运转。（ ）

三、选择题

1. 下列不是机体组组成部件的是（ ）。
   A. 气缸体　　　B. 气缸垫　　　C. 气缸盖　　　D. 活塞
2. 下列不是活塞连杆组组成部件的是（ ）。
   A. 活塞　　　　B. 活塞环　　　C. 曲轴　　　　D. 连杆
3. 下列不是曲轴飞轮组组成部件的是（ ）。
   A. 连杆　　　　B. 曲轴　　　　C. 飞轮　　　　D. 扭转减振器
4. 下列不是气门组组成部件的是（ ）。
   A. 进、排气门　B. 气门弹簧　　C. 气门油封　　D. 凸轮轴
5. 下列不是气门传动组组成部件的是（ ）。
   A. 曲轴正时齿轮　B. 正时带　　　C. 气门　　　　D. 凸轮轴
6. 下列不是燃油供给系统组成部件的是（ ）。
   A. 空气滤清器　B. 电动燃油泵　C. 燃油滤清器　D. 燃油箱
7. 下列不是发动机冷却系统组成部件的是（ ）。
   A. 水泵　　　　B. 散热器　　　C. 燃油泵　　　D. 节温器
8. 下列不是发动机润滑系统组成部件的是（ ）。
   A. 机油泵　　　B. 油底壳　　　C. 机油滤清器　D. 曲轴
9. 下列不是电控点火系统组成部件的是（ ）。
   A. 点火模块　　B. 气缸盖　　　C. 点火线圈　　D. 火花塞
10. 在进气行程，进气门（ ），排气门（ ）。
    A. 打开　关闭　B. 打开　打开　C. 关闭　打开　D. 关闭　关闭
11. 在压缩行程，进气门（ ），排气门（ ）。
    A. 打开　关闭　B. 打开　打开　C. 关闭　打开　D. 关闭　关闭
12. 在排气行程，进气门（ ），排气门（ ）。
    A. 打开　关闭　B. 打开　打开　C. 关闭　打开　D. 关闭　关闭

第三节 汽车底盘的认知

底盘是汽车的骨架,用来支撑车身并安装所有部件,同时将发动机的动力传递到驱动轮,还要保证汽车按照驾驶人的意志正常行驶。它主要由传动系统、行驶系统、转向系统和制动系统四部分组成,如图3-42所示。

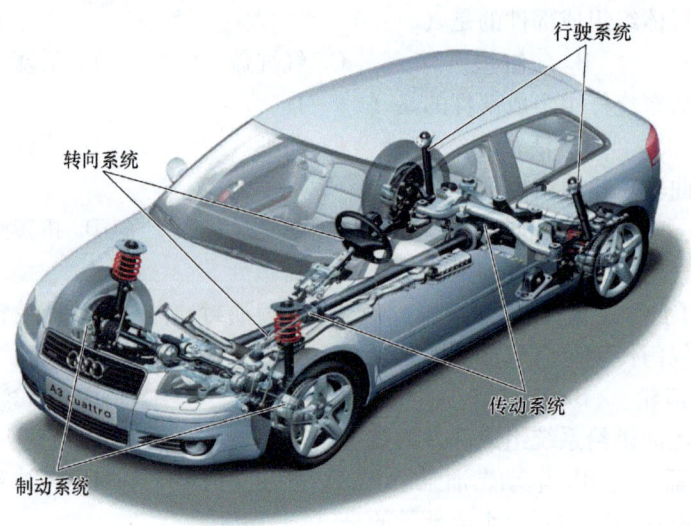

▲ 图3-42 汽车底盘的组成

一、传动系统

传动系统的功用是将发动机产生的动力传递到驱动车轮,并具有变速、倒车、中断动力和轮间差速等功能,与发动机配合工作,能保证汽车在各种工况条件下的正常行驶,并具有良好的动力性和经济性。

传动系统主要由离合器、变速器、万向传动装置和驱动桥等组成,如图3-43所示。

1. 离合器

离合器的功用是保证汽车起步时发动机与传动系统柔顺地接合,并传递转矩到变速器。当进行档位切换时,发动机与传动系统可以迅速、彻底地分离,减少变速齿轮之间的冲击,保证换档平顺。

离合器主要由飞轮、压盘及盖总成、从动盘和操纵机构四部分组成,如图3-44所示。

(1) **压盘及盖总成** 它的功用是压紧或不压紧离合器从动盘,压紧即离合器接合,传递动力;不压紧即分离,中断动力的传递,如图3-45所示。

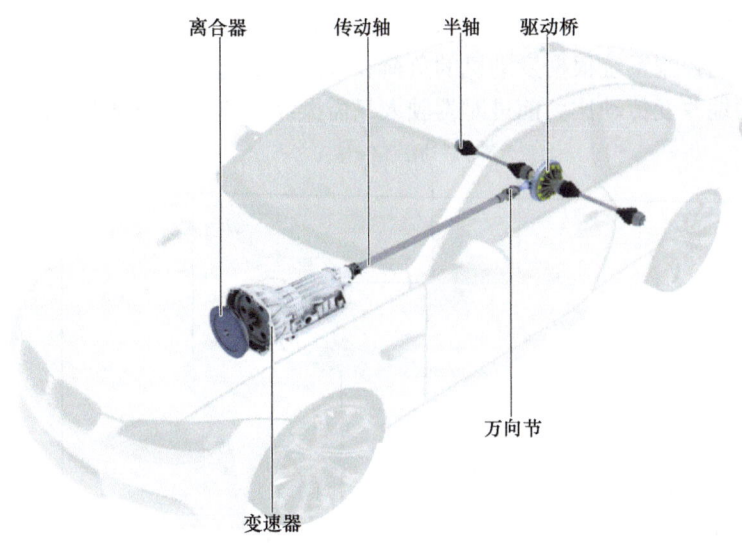

▲ 图3-43　传动系统的组成

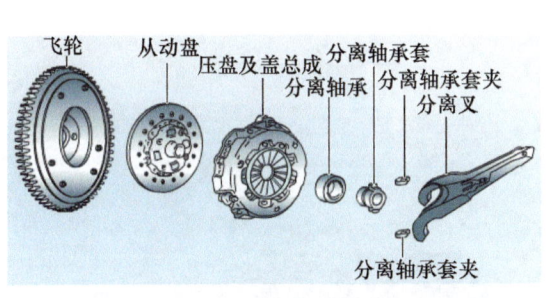

▲ 图3-44　离合器的组成

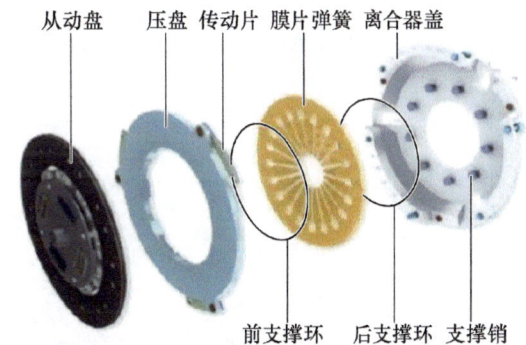

▲ 图3-45　膜片弹簧式离合器压盘及盖的结构

（2）从动盘　它通过摩擦作用将动力传递到变速器输入轴，它的两面都有摩擦衬片，中间有减振弹簧。

（3）操纵机构　主要由离合器踏板、推杆、主缸、储液罐、工作缸、分离叉和分离轴承等组成，如图3-46所示。

离合器主缸俗称离合器总泵，其功用是将离合器踏板的机械推力转变为液压的压力，然后通过管路传递到工作缸。离合器工作缸俗称离合器分泵，其功用是将液压的压力转变为机械的推力，推动离合器拨叉和分离轴承。拨叉一端与离合器工作缸相连，另一端连接到分离轴承的后端，中间通过支点支撑在变速器壳体上。

2. 变速器

（1）功用　保证驾驶人准确而可靠地使变速器挂入所需要的任意档位工作，实现变速、变矩和倒车，并随时使之退到空档。

（2）类型　按变速器操纵方式进行分类，可分为手动变速器和自动变速器。

1）手动变速器的英文缩写为MT，即Manual Transmission的缩写。如图3-47所示，通过驾驶人用手操纵变速杆来进行档位变换。

2）自动变速器的英文缩写为 AT，即 Automatic Transmission 的缩写。如图 3-48 所示，这种变速器的自动控制系统根据发动机的负荷和车速的变化情况自动地选定档位，并进行档位变换，即自动地改变传动比。前进时驾驶人只需操纵加速踏板控制车速即可。

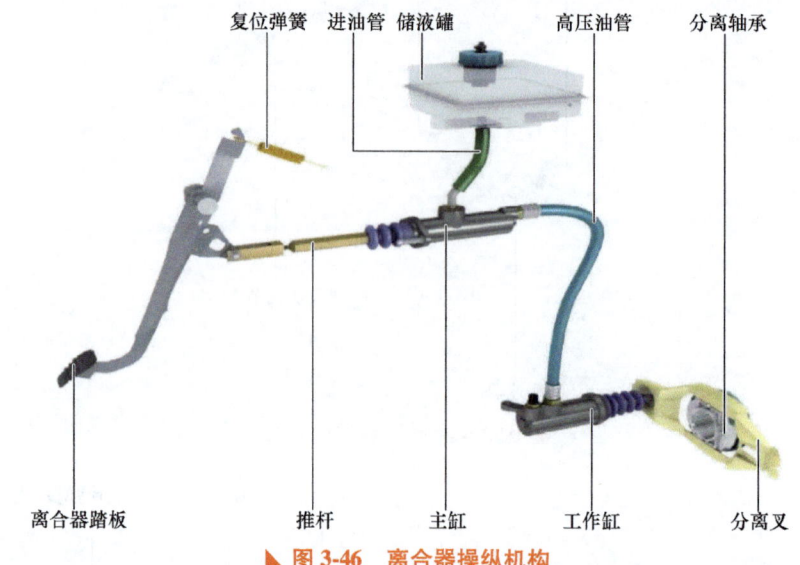

▲ 图 3-46 离合器操纵机构

▲ 图 3-47 手动变速器

▲ 图 3-48 自动变速器

（3）**普通齿轮传动的基本原理** 它是利用不同齿数的齿轮啮合传动来实现转矩和转速改变的。如图 3-49 所示，当小齿轮为主动齿轮，带动大齿轮转动时，输出转速降低，称为减速传动；当大齿轮驱动小齿轮时，输出转速升高，称为增速传动；当在主动齿轮和被动齿轮之间再加一个中间齿轮传动时，此时就能改变传递的方向，从而形成倒档。

（4）**手动变速器的组成** 它主要由齿轮变速传动部分、换档操纵机构和壳体等组成，如图 3-50 所示。

齿轮传动部分主要由输入轴、输出轴、中间轴和倒档轴等组成，如图 3-51 所示。

3. 万向传动装置

万向传动装置的功用是实现汽车上任何一对轴线相交且相对位置经常变化的转轴之间的

第三章 汽车的总体结构

动力传递,如图 3-52 所示。

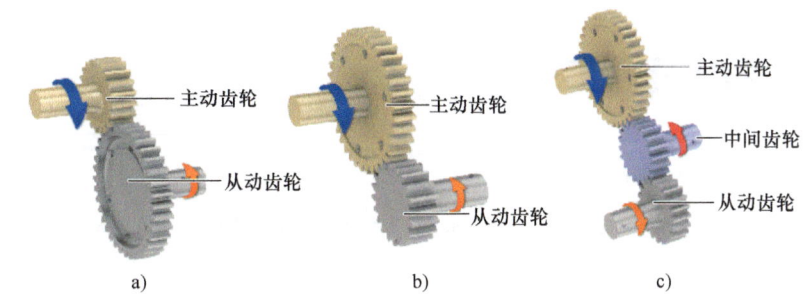

▲ 图 3-49 齿轮传动的基本原理
a)减速传动 b)增速传动 c)变向传动

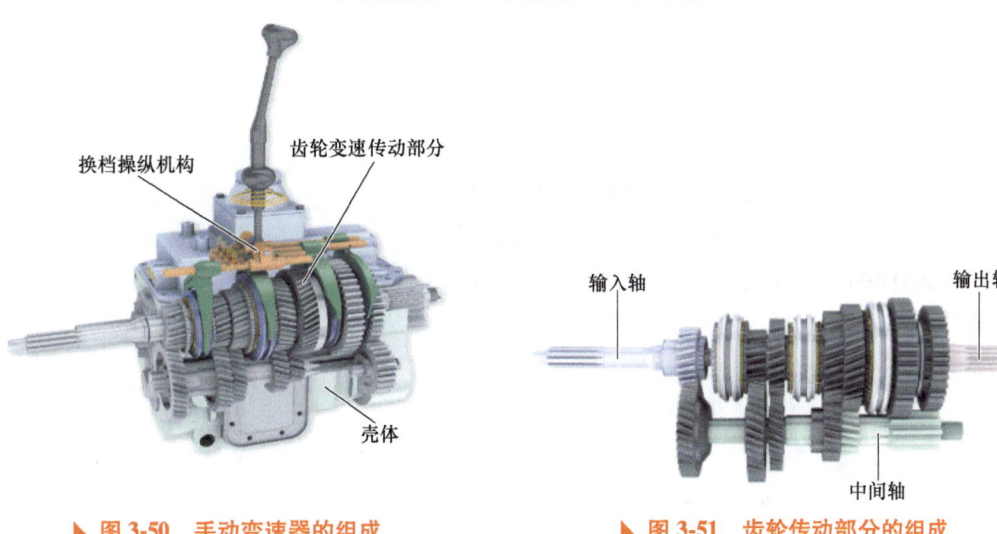

▲ 图 3-50 手动变速器的组成　　▲ 图 3-51 齿轮传动部分的组成

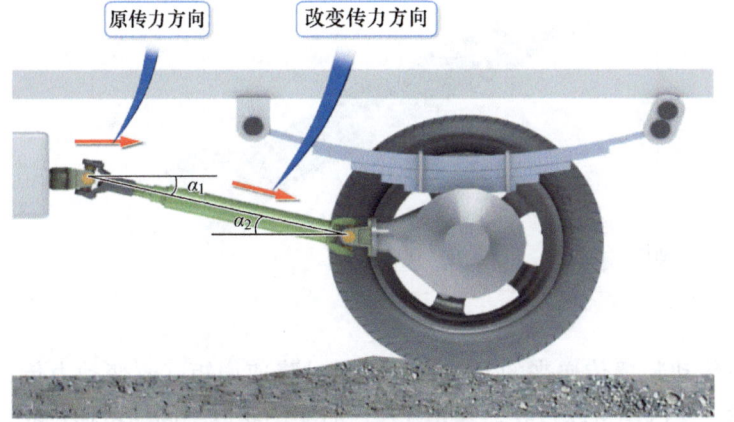

▲ 图 3-52 万向传动装置

扫一扫

万向传动装置的工作原理及功用

万向传动装置主要包括万向节和传动轴。对于传动距离较远的分段式传动轴,为了提高传动轴的刚度,还设置有中间支承,如图 3-53 所示。

81

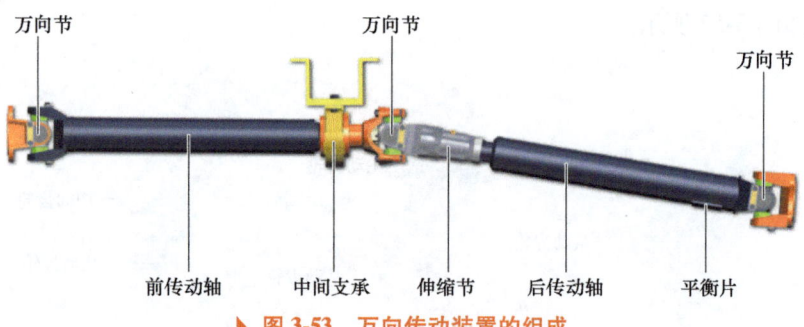

▲ 图 3-53 万向传动装置的组成

（1）万向节 万向节的功用是用于连接不在一条直线上的两轴，并保证动力在它们之间得以可靠地传递，还可以适应两轴间夹角变化的需要，如图 3-54 所示。

（2）传动轴 它是万向传动装置中的主要传力部件，如图 3-55 所示，其功用是用来连接变速器和驱动桥。汽车行驶过程中，变速器与驱动桥的相对位置经常变化，为避免运动干涉，传动轴上设有由滑动叉和花键轴组成的伸缩节，使传动轴的长度能随传动距离的变化而伸缩。

▲ 图 3-54 万向节

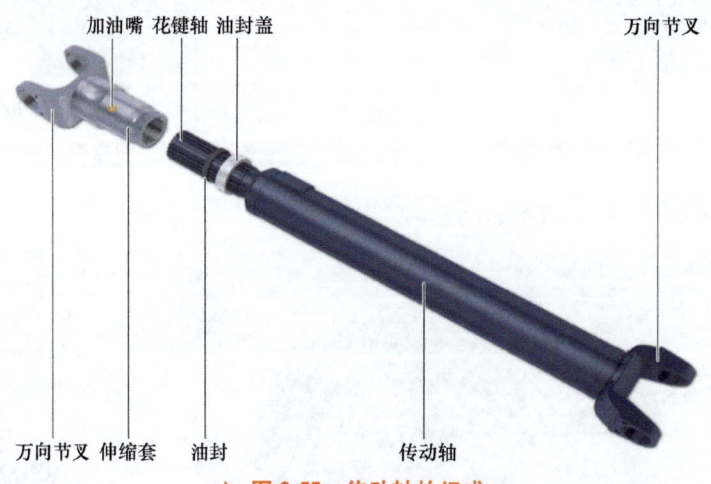

▲ 图 3-55 传动轴的组成

4. 驱动桥

驱动桥的功用是将万向传动装置传递来的发动机动力经过降速增矩，改变动力传递方向，再分配到左、右驱动轮，使汽车得以行驶，并允许左、右驱动轮以不同的转速行驶，如图 3-56 所示。

驱动桥主要由主减速器（主动锥齿轮、从动锥齿轮）、差速器、半轴、桥壳等组成，如图 3-57 所示。

第三章 汽车的总体结构

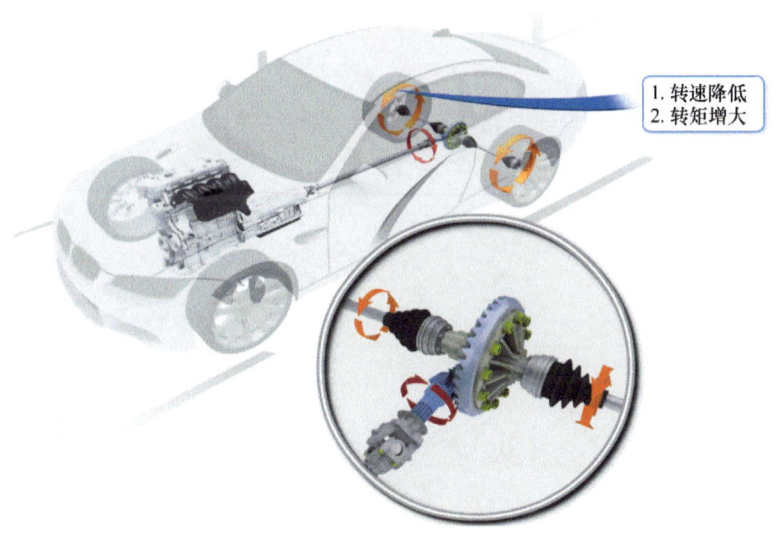

▲ 图 3-56 驱动桥的功用

发动机的动力传到驱动桥后,首先传到主减速器,在这里降低转速后将转矩放大,再经差速器分配给左右半轴,最后通过半轴外端的凸缘传到驱动车轮的轮毂。

(1) 主减速器　它的功用是将发动机通过离合器、变速器和传动轴传递过来的转速降低、转矩增大,并将动力传递方向改变后传给差速器,如图 3-58 所示。主减速器主要由一对双曲面锥齿轮(主动锥齿轮、从动锥齿轮)和壳体等组成。

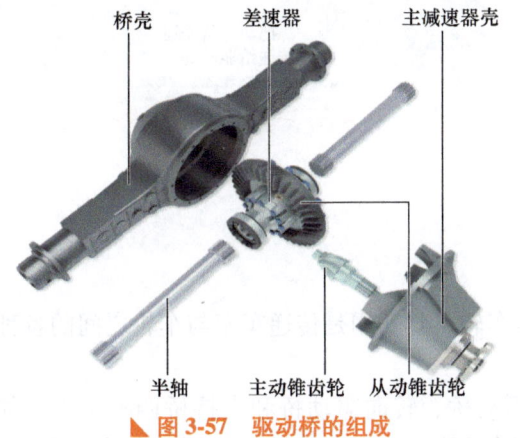

▲ 图 3-57 驱动桥的组成

▲ 图 3-58 主减速器的功用

(2) 差速器　它的功用是将主减速器传来的动力传给左右半轴,并在必要时(如车辆转弯时)允许左右半轴以不同转速旋转,以满足汽车转弯时两侧驱动轮差速的需要,如图 3-59 所示。

差速器主要由 4 个行星齿轮、1 个十字形行星齿轮轴、2 个半轴齿轮、差速器壳和垫片等组成,如图 3-60 所示。

(3) 半轴　将差速器传来的动力传给左、右驱动轮,如图 3-61 所示。

(4) 桥壳　支撑并保护主减速器、差速器和半轴等;汽车行驶时,承受由车轮传来的路面反作用力和力矩，并经悬架传给车架。

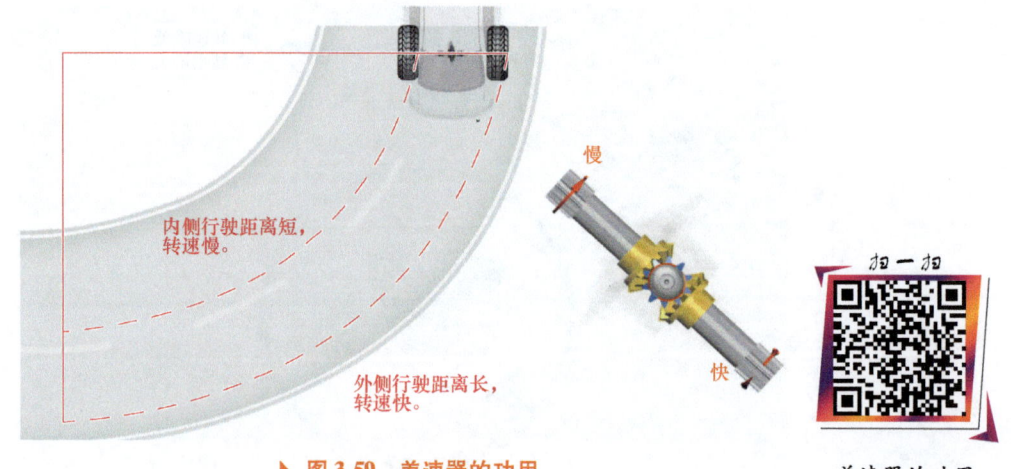

▲ 图3-59　差速器的功用

差速器的功用

▲ 图3-60　差速器的组成

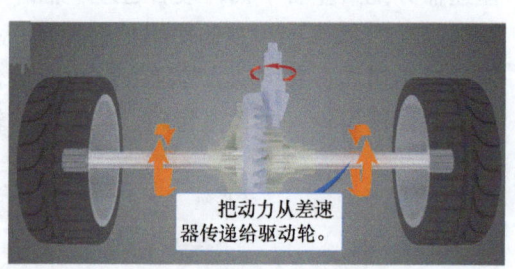

▲ 图3-61　半轴的功用

二、行驶系统

1. 车桥

车桥通过悬架与车架或车身相连，两端安装车轮，其功用是传递车架与车轮之间的各种力和力矩。

车桥按车轮的功用不同，可分为转向桥、驱动桥、转向驱动桥和支持桥四种类型，如图3-62所示。在后轮驱动的汽车中，前桥不仅用于承载，而且兼转向作用，称为转向桥；后桥不仅用于承载，而且兼驱动的作用，称为驱动桥；前轮驱动汽车的前桥，除了承载和转向作用外，还兼驱动作用，所以称为转向驱动桥；只起支撑作用的车桥称为支持桥。

（1）**转向桥**　它能使装在前端的左右车轮偏转一定的角度来实现转向，还能承受车身的载荷，如图3-63所示。

（2）**转向驱动桥**　发动机前置前轮驱动以及四轮驱动的汽车，其前桥既作为转向桥，还兼驱动桥的作用，故称为转向驱动桥。它主要由主减速器、差速器、半轴、转向节、轮毂和轮毂轴承等组成，如图3-64所示。主减速器和差速器一般与变速器制成一体。

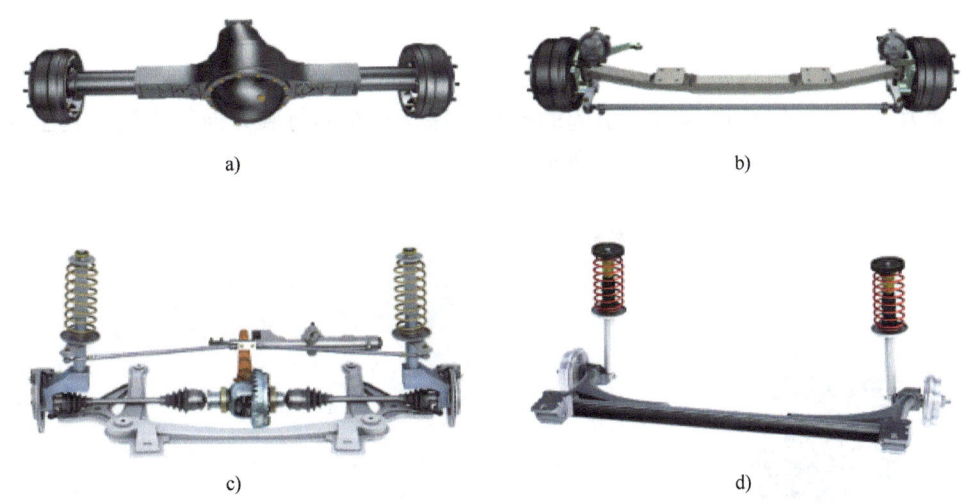

图 3-62 车桥的类型
a) 驱动桥　b) 转向桥　c) 转向驱动桥　d) 支持桥

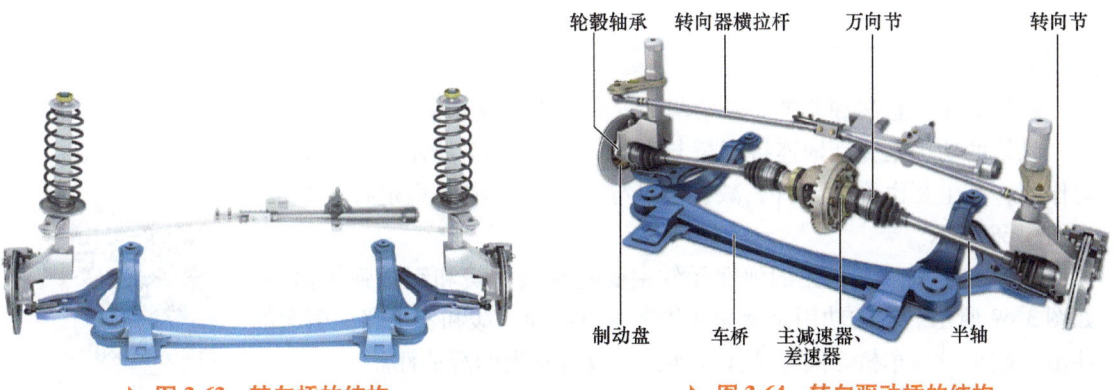

图 3-63 转向桥的结构　　　　　图 3-64 转向驱动桥的结构

（3）支持桥　对于发动机前置前轮驱动的汽车，后桥既没有转向作用，也没有驱动的作用，只用于连接车轮与车身，起支撑车身的作用，所以称为支持桥。它主要由车桥、轮毂等组成，如图 3-65 所示。

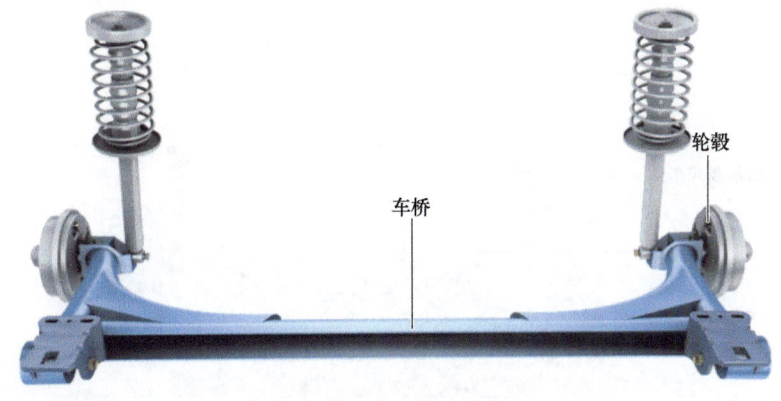

图 3-65 支持桥的结构

2. 车轮

车轮位于汽车车桥与路面之间，能够支撑汽车和装载质量；还能传递汽车与路面之间的各种力和力矩；缓冲路面颠簸时所引起的振动；保持汽车的行驶方向等用途。它主要由轮辋、轮胎和气门嘴等组成，如图 3-66 所示。

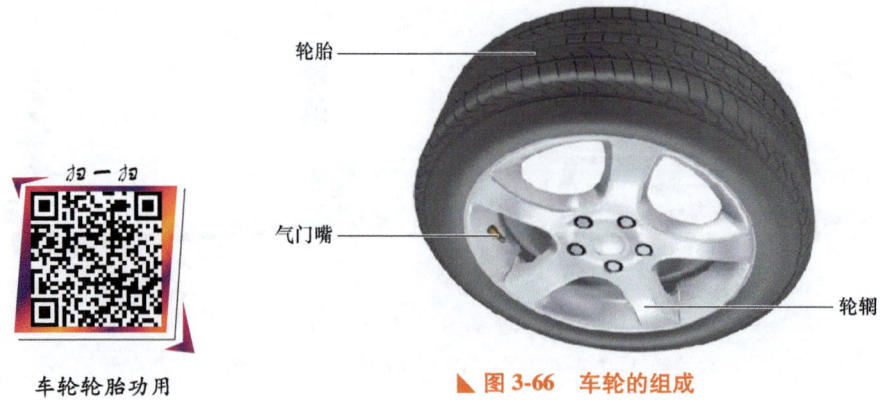

车轮轮胎功用

▲ 图 3-66 车轮的组成

3. 悬架

悬架有独立悬架和非独立悬架两种，大多用独立悬架。

悬架的功用是弹性地连接车桥与车身，如图 3-67 所示，可起到传力、缓冲、减振、导向作用，其主要由弹性元件、减振器、导向装置和横向稳定杆等组成，如图 3-68 所示。

（1）弹性元件　常见的弹性元件主要有螺旋弹簧和钢板弹簧两种，如图 3-69 所示。它的功用是承受并传递垂直载荷，缓和不平路面引起的冲击，使车身与车桥之间保持弹性连接，改善乘坐的舒适性。

（2）减振器　它的功用是快速消除弹簧的振动，改善汽车行驶的平顺性，它与弹性元件并联安装。

（3）横向稳定杆　它的功用是防止车身在转向等情况下发生过大的横向倾斜，改善汽车的操纵稳定性和行驶平顺性。

减振器的功用

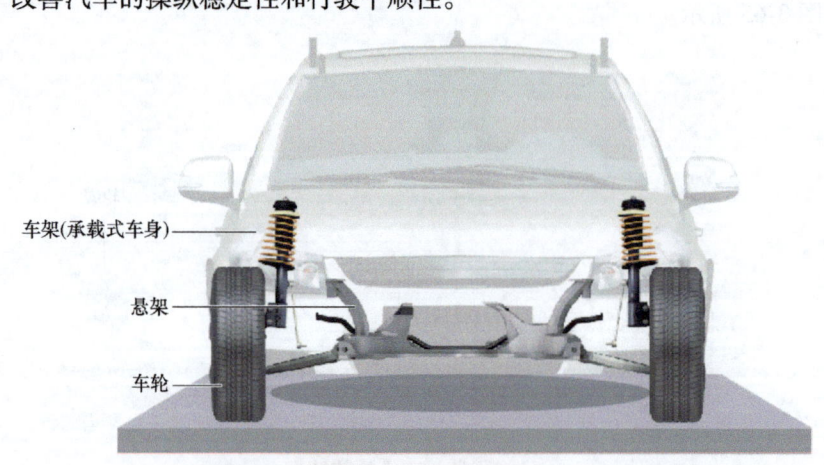

▲ 图 3-67 悬架的功用

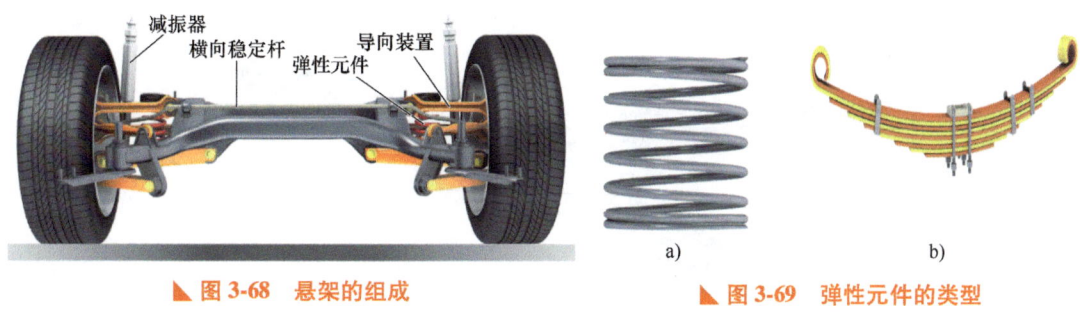

▲ 图 3-68 悬架的组成

▲ 图 3-69 弹性元件的类型
a) 螺旋弹簧 b) 钢板弹簧

三、转向系统

1. 功用

转向系统的功用是保证汽车在行驶中既能按驾驶人的操纵要求适时地改变行驶方向,又能在受到路面干扰偏离行驶方向时,还能保持汽车稳定地直线行驶。

2. 组成

液压助力转向系统主要由机械转向部分和液压助力部分组成。如图 3-70 所示,其中机械转向部分主要由转向盘、转向轴等组成;液压助力部分主要由储油罐、转向油泵、转向控制阀、油缸和进、出油管等组成。

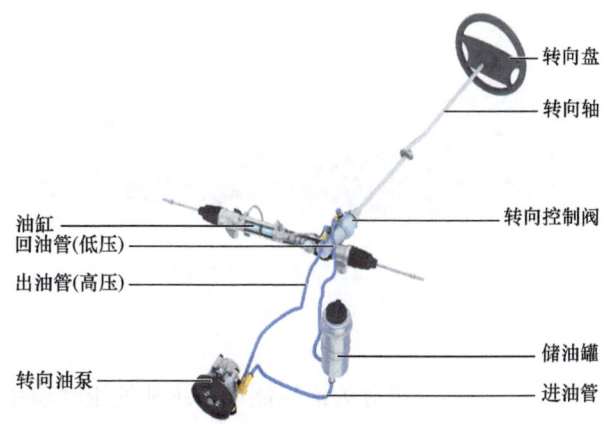

▲ 图 3-70 液压助力转向系统的组成

(1) 储油罐 它的功用是储存、滤清和冷却液压转向加力装置的工作油液,一般储油罐盖上设有油标尺,便于检查油液的多少。

(2) 转向油泵 它是液压助力转向系统的动力来源,将发动机输入的机械能转换为液压能输出,一般安装在发动机前部,由发动机曲轴通过传动带驱动,只要发动机运转,油泵就使油液流动。

(3) 转向控制阀 转向控制阀、油缸一般与转向器制成一体,图 3-71 为齿轮齿条式液压助力式转向器。转向控制阀的功用是将来自油泵的压力油精确地分配到油缸,并将多余的油液流回储油罐。

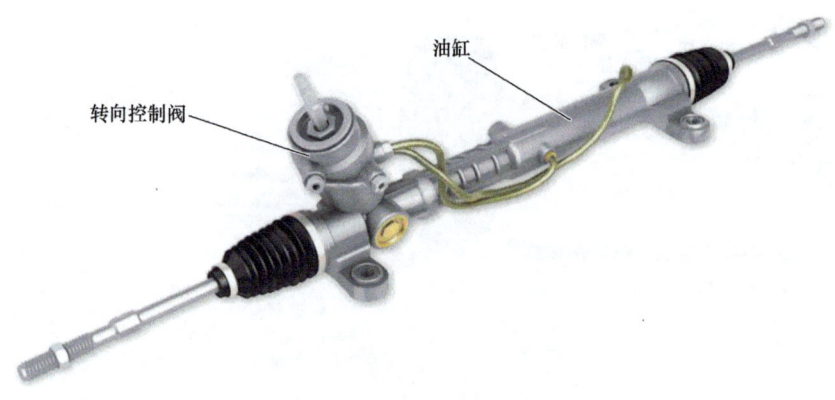

▲ 图3-71 齿轮齿条式液压助力转向器

四、制动系统

1. 功用

制动系统的功用是利用机械摩擦来产生制动作用，使汽车根据驾驶人的需要适时减速或停车，还能使已经停驶的车辆实现可靠停放，如图3-72所示。

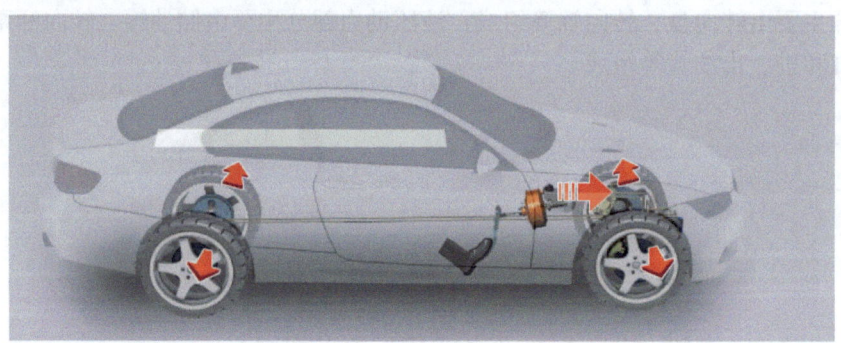

▲ 图3-72 制动系统的功用

2. 分类

（1）按制动传动介质不同分类　可分为液压制动系统和气压制动系统两大类，如图3-73所示。轿车上普遍采用液压制动系统，大型载重汽车上都采用气压制动系统。

（2）按作用不同分类　可分为行车制动系统和驻车制动系统两大类，如图3-74所示。行车制动系统用于行驶中的汽车减速或停车，由驾驶人用脚操纵；驻车制动系统用于使停驶的车辆停留在原地不动，通常由驾驶人用手操纵。

3. 结构

液压行车制动系统主要由真空助力器、制动主缸、制动管路和制动器等组成，如图3-75所示。

（1）真空助力器　它是利用发动机工作时在进气管中形成的真空度作为动力源，利用真空的吸力帮助制动踏板对制动主缸产生推力，从而可以减轻驾驶人施加于制动踏板上的力，增加车轮制动力，达到操纵轻便、制动可靠的目的。它安装在制动踏板与制动主缸之间。

第三章 汽车的总体结构

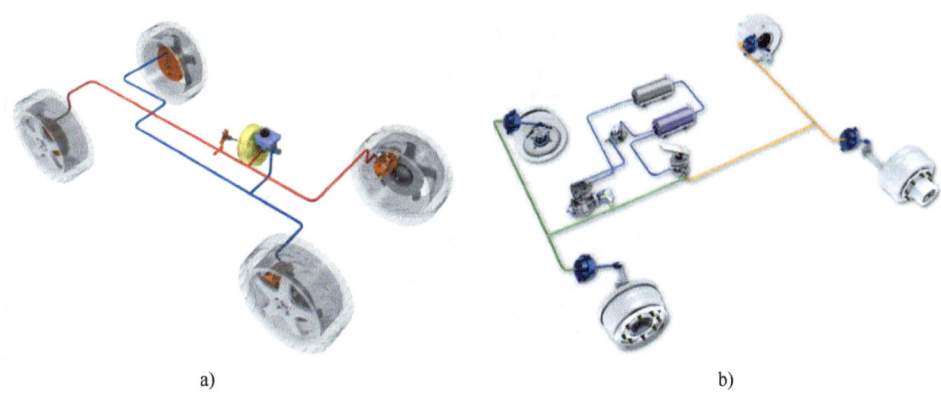

▶ 图3-73 制动系统的分类
a）液压制动系统 b）气压制动系统

▶ 图3-74 制动系统的分类
a）行车制动系统 b）驻车制动系统

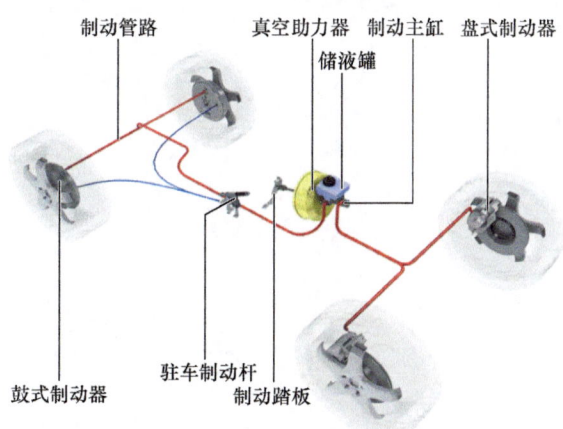

▶ 图3-75 液压制动系统的组成

（2）制动主缸 也称制动总泵，其功用是将制动踏板输入的机械能转换成液压能。制动主缸与储液罐制成一体，储液罐上一般有制动液的最高和最低线。为了保证安全性，汽车的制动装置都采用双管路制动传动，因此，都使用整体式串联双腔制动主缸，如图3-76所示。

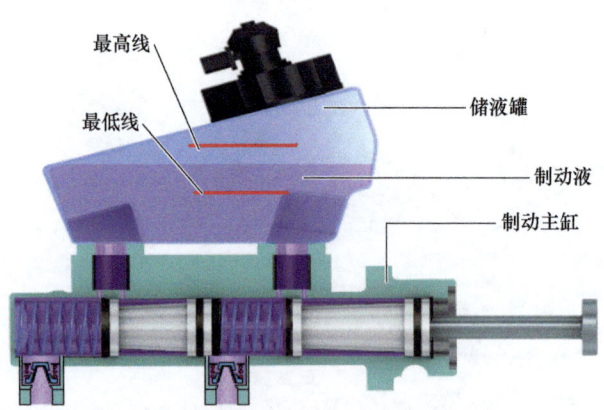

▲ 图 3-76 整体式串联双腔制动主缸

(3) **制动液** 液压制动系统采用汽车制动液来进行动力的传递。

(4) **制动管路** 它的功用是连接位于车身上的制动主缸和位于制动底板上的制动轮缸。

(5) **制动器** 它的功用是将从制动管路传过来的液压力转换成摩擦力矩迫使车轮减速或停转。

制动器按结构不同，可分为鼓式制动器和盘式制动器，如图 3-77 所示。其中鼓式制动器由于能产生较大的制动力矩，多用于货车或轿车后轮；盘式制动器由于散热性能好，多用于轿车的前轮。

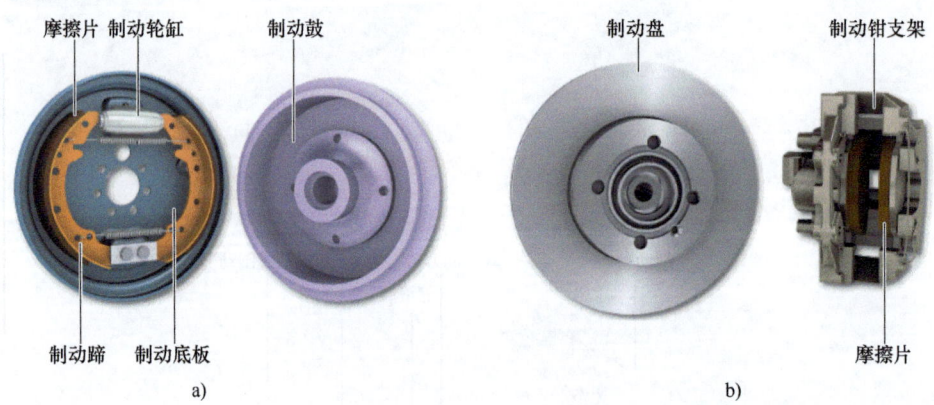

▲ 图 3-77 制动器的类型
a) 鼓式制动器 b) 盘式制动器

思考与练习

一、填空题

1. 底盘是汽车的骨架，它主要由 ＿＿＿＿＿＿＿＿ 、行驶系统、 ＿＿＿＿＿＿＿＿ 和 ＿＿＿＿＿＿＿＿ 四部分组成。

2. 传动系统主要由 ＿＿＿＿＿＿＿＿ 、 ＿＿＿＿＿＿＿＿ 、 ＿＿＿＿＿＿＿＿ 和 ＿＿＿＿＿＿＿＿ 等组成。

3. 变速器按操纵方式可分为_____变速器和_____变速器。

4. 发动机的动力传到驱动桥后，首先传到_____，在这里降低转速后将转矩放大，再经_____分配给左右半轴，最后通过半轴传到驱动车轮。

5. 车桥按车轮的功用不同可分为转向桥、_____、_____和支持桥四种类型。

6. 悬架的功用是弹性地连接车桥与车身，可起到传力、_____、_____和导向的作用。

7. 汽车制动系统按作用可分为_____制动系统和_____制动系统两大类。

二、判断题

1. 传动系统的功用是将发动机的动力传递到驱动车轮，还具有变速、倒车、中断动力和轮间差速等功能。（　　）

2. 离合器的功用是汽车起步时柔顺地接合动力，换档时分离动力。（　　）

3. 变速器的功用是实现变速、变矩和倒车，并随时使之退到空档。（　　）

4. 普通齿轮传动的原理是当小齿轮为主动齿轮，带动大齿轮转动时，输出转速升高，称为增速传动。（　　）

5. 普通齿轮传动的原理是当大齿轮驱动小齿轮时，输出转速降低，称为减速传动。（　　）

6. 万向传动装置的功用是实现一对轴线相交且位置常变化的转轴之间的动力传递。（　　）

7. 主减速器的功用是在车辆转弯时允许左、右半轴以不同转速旋转，以满足汽车转弯时两侧驱动轮差速的需要。（　　）

8. 转向驱动桥是指既可作为转向桥还兼驱动桥的作用。（　　）

9. 转向油泵的功用是将发动机输入的机械能转换为液压能输出。（　　）

10. 制动系统的功用是利用机械摩擦使汽车根据需要适时减速、停车或转向。（　　）

三、选择题

1. 下列不是离合器组成部件的是（　　）。
   A. 压盘及盖总成　　B. 从动盘　　C. 操纵机构　　D. 变速器

2. 下列不是手动变速器组成部件的是（　　）。
   A. 齿轮变速传动部分　　B. 传动轴　　C. 换档操纵机构　　D. 壳体

3. 下列不是万向传动装置组成部件的是（　　）。
   A. 输出轴　　B. 万向节　　C. 传动轴　　D. 中间支撑

4. 下列不是驱动桥组成部件的是（　　）。
   A. 主减速器　　B. 差速器　　C. 半轴　　D. 输入轴

5. 下列不是悬架组成部件的是（　　）。
   A. 弹性元件　　B. 减振器　　C. 车轮　　D. 横向稳定杆

6. 下列不是转向系统组成部件的是（　　）。
   A. 储油罐　　B. 转向油泵　　C. 转向控制阀　　D. 制动主缸

7. 下列不是液压制动系统组成部件的是（　　）。
   A. 制动踏板　　B. 减振器　　C. 真空助力器　　D. 制动主缸

第四节 汽车电气设备的认知

汽车电气设备的功用将电能转换成机械能、光能或热能等输出,保证汽车可靠运行。它主要由电源系统、照明与信号系统、仪表和报警系统、辅助电器系统等组成。

一、电源系统

汽车电源有两个,即蓄电池和发电机,如图3-78所示。发电机是汽车上的主要电源,蓄电池是辅助电源。目前,轿车上一般采用12V电源,其他中型以上车型一般采用24V电源。

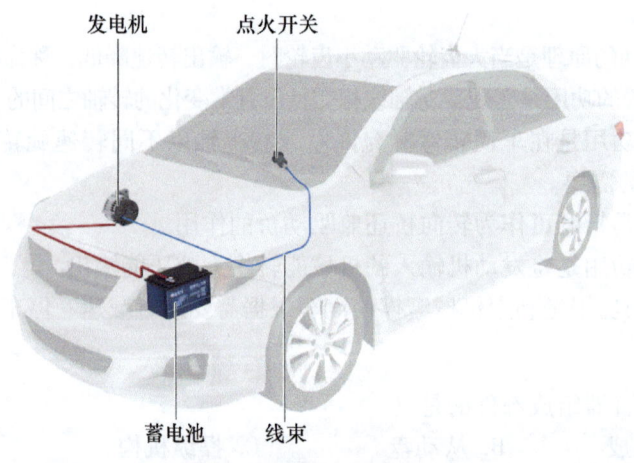

▶ 图3-78 电源系统的组成

1. 蓄电池

(1) 功用 蓄电池是一个化学电源,靠内部的化学反应在充电时将电能转变成化学能储存起来,在放电时将储存的化学能转变成电能供给用电设备,如图3-79所示。

(2) 基本结构 汽车用蓄电池主要由正极板、负极板、隔板、壳体、联条、负极端子、正极端子及加液孔等组成,如图3-80所示。

2. 发电机

发电机是汽车的主要电源,在整车上的安装位置如图3-81所示,其作用是在发动机正常运转时,向所有用电设备(起动机除外)供电,同时给蓄电池充电,其主要由转子、定子、整流器、端盖、电刷组件、风扇、带轮等组成,如图3-82所示。

第三章 汽车的总体结构

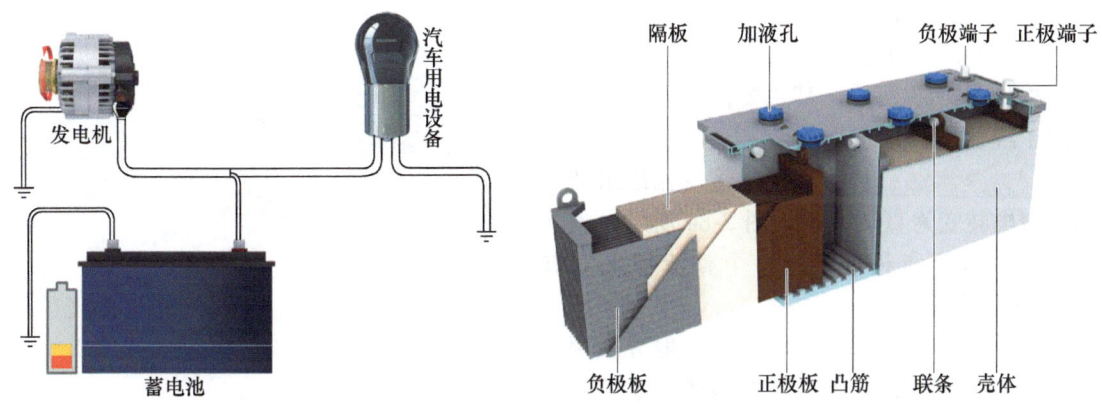

▲ 图 3-79 蓄电池的功用　　　　　▲ 图 3-80 蓄电池的结构

▲ 图 3-81 发电机在整车上的位置图

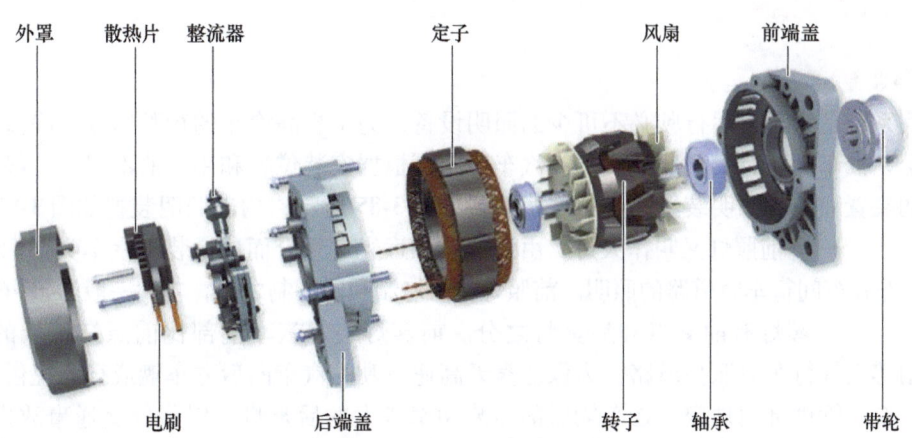

▲ 图 3-82 交流发电机解体图

93

(1) 转子　它的功用是通电后产生磁场。

(2) 定子　它的功用是产生三相交流电，其结构如图 3-83 所示，其主要由定子铁心和三相定子绕组两部分组成。

(3) 整流器　它的功用是将三相绕组产生的交流电转变为直流电。如图 3-84 所示，整流器由正、负整流板组成，每个整流板上安装 3~4 个硅二极管。

(4) 端盖及电刷组件　端盖一般分成两部分，即前端盖和后端盖，支撑转子、定子、整流器和电刷组件。

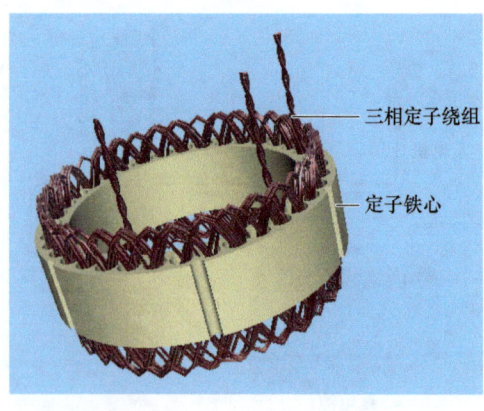

▲ 图 3-83　发电机定子的结构

(5) 带轮与风扇　发电机的前端装有带轮，内部装有风扇，由发动机的传动带通过带轮驱动发电机的转子轴和风扇一起旋转。

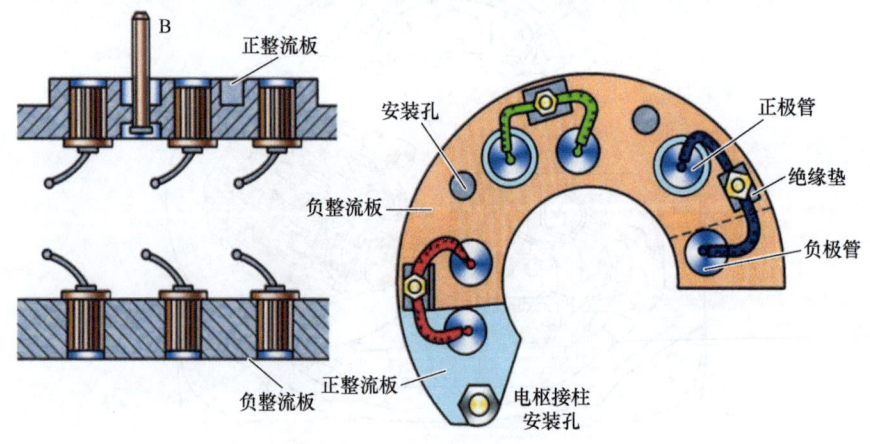

▲ 图 3-84　交流发电机整流器总成

二、照明与信号系统

1. 照明系统

照明系统是汽车夜间行驶必不可少的照明设备，为了提高汽车的行驶速度，确保夜间行车的安全，汽车上装有多种照明设备。汽车照明灯根据安装位置和用途的不同，一般可分为外部照明装置和内部照明装置。外部照明装置如图 3-85 所示，内部照明装置如图 3-86 所示。

(1) 前照灯　前照灯又叫作大灯，由近光灯和远光灯组合而成，装于汽车头部两侧，主要用于汽车在夜间行车时道路的照明。前照灯有两灯制和四灯制之分，功率一般为 40~60W。

(2) 雾灯　雾灯有前雾灯和后雾灯之分。前雾灯装于汽车前部比前照灯稍低的位置，用于在雨雾天气行车时照亮道路。为保证雾天高速行驶的汽车向后方车辆或行人提供本车位置信息，交通管理部门规定，在车辆后部加装功率较大的后雾灯，以降低交通事故发生率。雾灯的光色规定采用光波较长的黄色、橙色或红色。

(3) 牌照灯　牌照灯装于汽车尾部的牌照上方，用于夜间照亮汽车牌照。

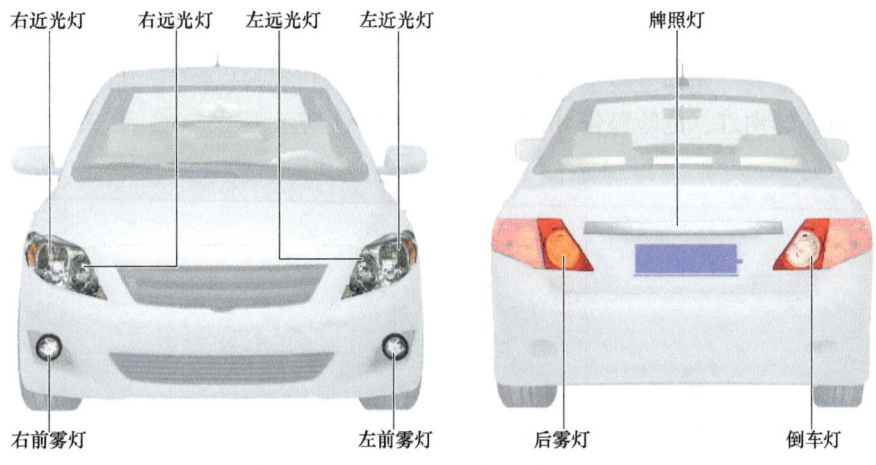

▲ 图 3-85 外部照明装置

▲ 图 3-86 汽车内部照明装置

（4）倒车灯　倒车灯装于汽车尾部，白色。用于倒车时照亮车后路面，并警告车后的其他车辆和行人，表示该车正在倒车。

（5）仪表灯　仪表灯装于汽车仪表板上，用于仪表照明，以便于驾驶人获取行车信息和正确操作，其数量根据仪表设计布局而定。

（6）顶灯　顶灯装于驾驶室或车厢顶部，用于车内照明。

小知识

目前，多将前照灯、示宽灯、前转向灯等组合起来，称为组合前灯；将后尾灯、后转向灯、制动灯、倒车灯组合起来称为组合后灯。

2. 信号系统

信号系统主要有灯光信号装置、制动信号装置及喇叭信号装置等。其中灯光信号装置主要包括示宽灯、转向灯、危险警告灯等，位置如图 3-87 所示。

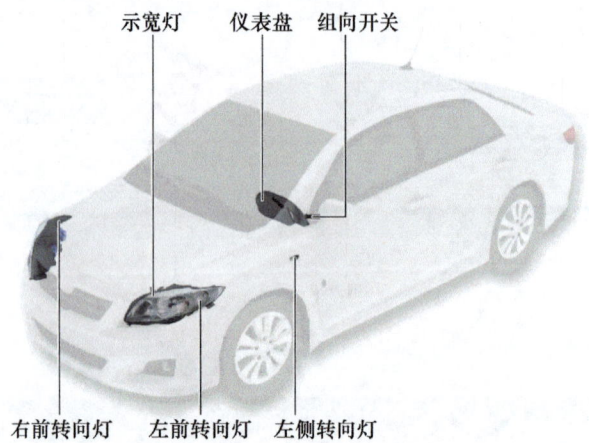

▶ 图 3-87　汽车部分信号装置的位置

（1）示宽灯　示宽灯安装在汽车前部和尾部，用于夜间给其他车辆指示车辆的位置与宽度，功率一般为 5~10W，前示宽灯俗称小灯，灯光为白色或黄色，一般安装在前照灯内；后示宽灯俗称尾灯，灯光为红色，一般安装在后组合灯内，与制动灯共用一个双灯丝的灯泡。

（2）转向灯　安装在车辆的前部、尾部以及左右两侧，用于表明该车正在转弯或改换车道。为了起到较好的提示作用，要求转向灯以 60~120 次/min 闪烁。灯光为黄色，功率为 20W 以上。

（3）危险警告灯　车辆在紧急停车或临时驻车时，所有转向灯同时闪烁，即为危险警告灯信号，给前后左右的车辆显示该车的位置。

（4）制动灯　安装在车辆的尾部，在汽车制动减速时，发出灯光信号，以警示尾随在后面的车辆及行人，防止追尾事故的发生。灯光为红色，功率一般为 20W 以上，与后尾灯共用双灯丝的灯泡。

三、仪表和报警系统

汽车仪表用来指示汽车运行以及发动机运转的状况，以便驾驶人随时了解各系统的工作情况，保证汽车可靠而安全地行驶。不同汽车的组合仪表中仪表个数不同，一般仪表板上的主要仪表有燃油表、冷却液温度表、发动机转速表和车速里程表等；还有许多指示灯、警告灯、仪表照明灯和时钟显示等，如图 3-88 所示。

1. 冷却液温度表

冷却液温度表用来检测和显示发动机水套中冷却液的工作温度，以防止发动机过热。

2. 燃油表

燃油表用来指示燃油箱内燃油的储存量。

第三章 汽车的总体结构

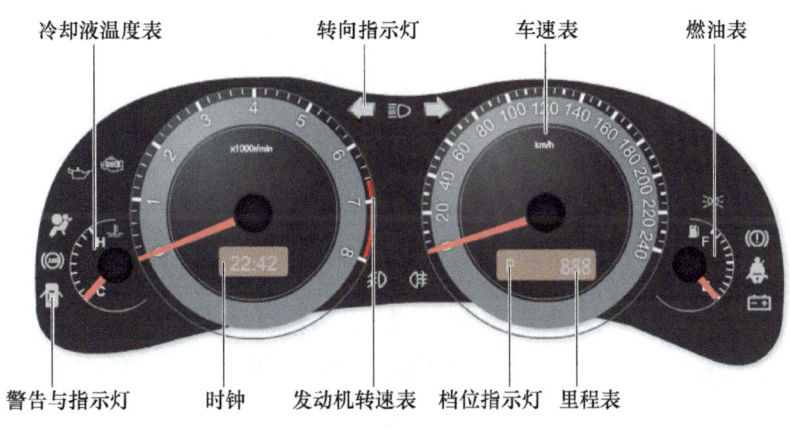

▲ 图3-88 汽车组合仪表板

3. 车速里程表

车速里程表用来指示汽车行驶速度和累计汽车行驶里程数，它由车速表和里程表两部分组成。

4. 发动机转速表

发动机转速表用来测量发动机的转速，发动机转速表指针示值×1000r/min，表示每分钟发动机转速。转速表上标有红色危险区，发动机转速一般不得越过危险标线，否则会使发动机早期损坏。

5. 报警装置

为了指示汽车某系统的工作状况，引起驾驶人的注意，保证行车安全，防止事故发生，汽车上设置很多报警装置，如图3-89所示。当车辆正常行驶时，警告灯都应该熄灭，如果某个灯常亮，说明该系统可能存在故障，提醒驾驶人车辆需要检修。

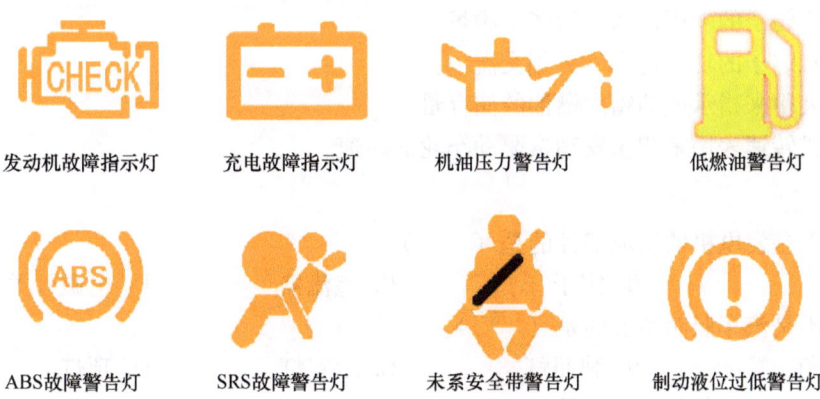

▲ 图3-89 汽车警告灯

四、辅助电器系统

为了提高车辆的安全性、舒适性和经济性，汽车上还安装很多辅助电器系统，如电动刮水器、电动后视镜、风窗洗涤器、空调、中控门锁、电动车窗和电动座椅等，如图3-90所示。

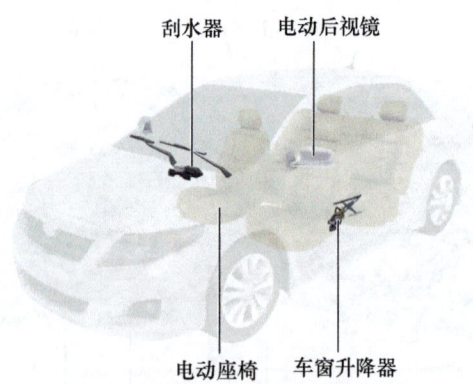

▲ 图3-90 辅助电器系统

思考与练习

一、填空题

1. 汽车电气系统主要由＿＿＿＿、＿＿＿＿、＿＿＿＿和报警系统、辅助电器系统等组成。
2. 汽车电源有两个，即＿＿＿＿和＿＿＿＿。
3. 一般汽车仪表板上有＿＿＿＿、冷却液温度表、发动机转速表和＿＿＿＿等。

二、判断题

1. 汽车电气设备的功用将电能转换成机械能、光能或热能等输出。（　　）
2. 蓄电池在充电时将电能转变成化学能储存起来。（　　）
3. 蓄电池在放电时将储存的化学能转变成机械能输出。（　　）
4. 发电机在工作时，向所有用电设备（起动机除外）供电，同时给蓄电池充电。（　　）
5. 发电机转子的功用是通电后产生磁场。（　　）
6. 发电机定子的功用是产生三相交流电。（　　）
7. 燃油表用来指示燃油箱内燃油的储存量。（　　）
8. 发动机转速表用来测量发动机驱动车轮的转速。（　　）

三、选择题

1. 下列不是发电机的组成部件的是（　　）。
   A. 转子　　　　　　B. 定子　　　　　　C. 整流器　　　　　　D. 电磁开关
2. 下列不是汽车照明系统的是（　　）。
   A. 前照灯　　　　　B. 牌照灯　　　　　C. 示宽灯　　　　　　D. 顶灯
3. 下列不是汽车信号系统的是（　　）。
   A. 雾灯　　　　　　B. 制动灯　　　　　C. 转向灯　　　　　　D. 危险警告灯
4. 目前，轿车上一般采用（　　）V电源。
   A. 10　　　　　　　B. 12　　　　　　　C. 24　　　　　　　　D. 48
5. 用来指示汽车行驶速度和累计汽车行驶里程数的仪表是（　　）。
   A. 冷却液温度表　　B. 燃油表　　　　　C. 车速里程表　　　　D. 发动机转速表

第五节 汽车车身的认知

一、车身的功用与组成

车身指的是车辆用来载人装货的部分,它为驾驶人提供便利的工作条件,为乘员提供舒适的乘坐条件,保护他们免受汽车行驶时的振动和噪声、废气的侵袭以及外界恶劣气候的影响,并保证完好无损地运载货物且装卸方便。车身上的一些结构措施和设备还有助于安全行车和减轻事故。车身还应具有合理的外形,在汽车行驶时能有效地引导周围的气流,以减少空气阻力和燃料消耗。车身主要包括车窗、车门、驾驶舱、乘客舱、发动机舱和行李舱等,在货车和专用汽车上还包括车厢和其他装备,图3-91为轿车车身。

▲图3-91 轿车车身

二、车身的分类

1. 按结构进行分类

按结构进行分类可分为非承载式车身和承载式车身。

(1) **非承载式车身** 非承载式车身的汽车有一刚性车架,又称底盘大梁架,如图3-92所示,其发动机、传动系统、车身的总成部分固定在这个刚性车架上,车架通过前后悬架装置与车轮相连。

非承载式车身比较笨重,质量大,高度高,一般用在货车、客车和越野车上,也有部分高级轿车使用(因为它具有较好的平稳性和安全性)。非承载式车身有根大梁贯穿整个车身,底盘的强度较高,抗颠簸性能好,即便四个车轮受力不均匀,也由车架承受,不会传递到车身,所以车身不容易扭曲变形。

(2) **承载式车身** 承载式车身的汽车整个车身是一体的,没有贯穿整体的大梁,发动机、传动系统、前后悬架等部件都装配到车身上,车身负载通过悬架装置传给车轮。它除了其固有的乘载功能外,还要直接承受各种负荷力的作用。承载式车身不论在安全性还是在稳定性方面都有很大的提高,它具有质量小、高度低、装配容易、平直路上行驶平稳、重量轻等优点,故广泛应用于轿车上,如图3-93所示。

2. 按车厢的数量进行分类

按车厢的数量进行分类,可分为两厢车和三厢车。

汽车概论

▲ 图 3-92 非承载式车身

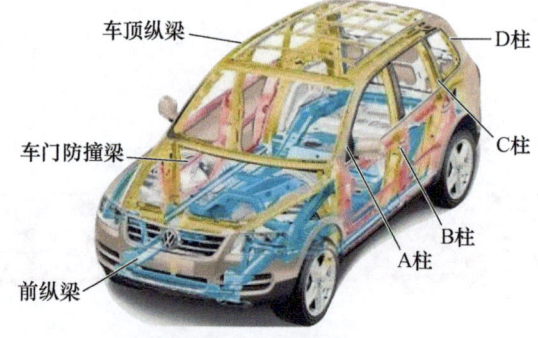

▲ 图 3-93 承载式车身

通常，我们把轿车的发动机舱、驾驶舱、行李舱分别称为轿车的"厢"，如这三个厢是相互独立的，就称为三厢车。如果驾驶舱和行李舱是结合在一起的，则称为两厢车，如图 3-94 所示。

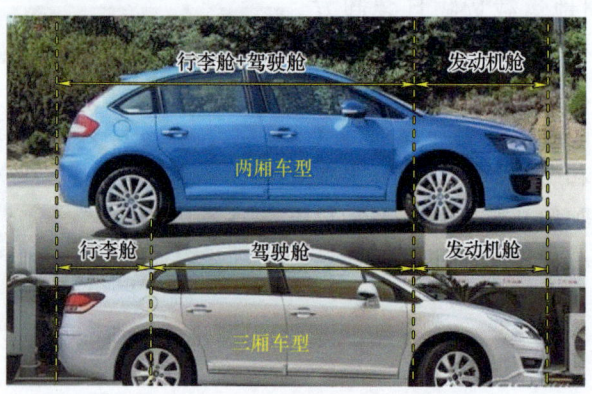

▲ 图 3-94 两厢车与三厢车

三、车身的规格

1. 车身尺寸参数

标注车身的参数主要有车宽、车高、车身总长、轴距、轮距、前悬、后悬等，如图 3-95 所示。

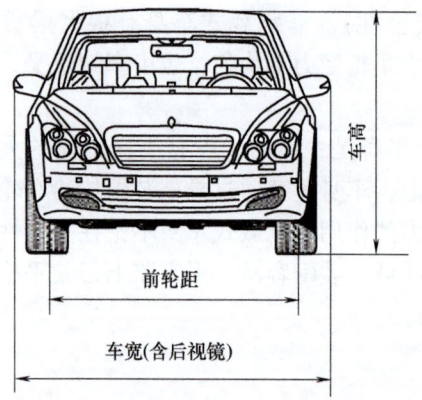
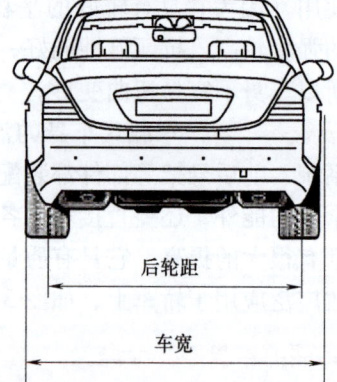

▲ 图 3-95 车身尺寸参数

第三章 汽车的总体结构

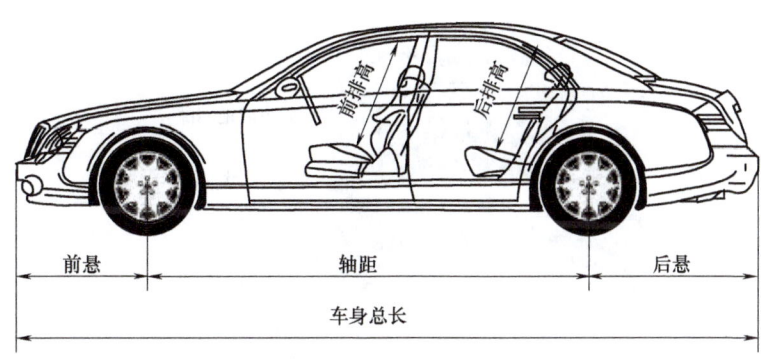

▲ 图 3-95　车身尺寸参数（续）

2. 汽车通过性参数

通过性是指汽车在一定的载重下能够以足够高的平均速度通过各种坏路和克服各种障碍（陡坡、台阶、壕沟）的能力。表示汽车通过性的参数主要有接近角、离去角（图 3-96）、最大爬坡度、最大侧倾角（图 3-97）、最小离地间隙和最大涉水深度（图 3-98）等。

▲ 图 3-96　汽车接近角与离去角

▲ 图 3-97　汽车最大爬坡度与最大侧倾角

101

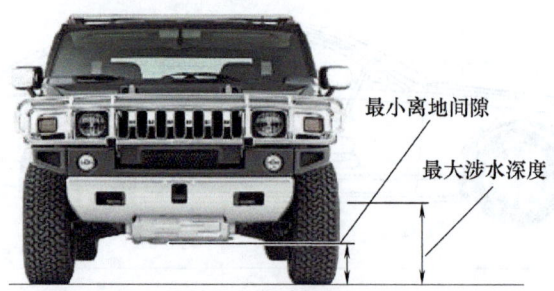

▲ 图3-98 汽车最小离地间隙与最大涉水深度

四、车身碰撞保护

当汽车发生碰撞时，重要的是保护车内人员的安全，所以在碰撞中驾驶舱的变形越小就越好。所以，车身在设计时考虑到汽车碰撞时，让一部分机构先溃缩，吸收一部分的撞击能量，如图3-99所示；或者利用特殊设计，将撞击力分散、转移，如图3-100所示，从而减少传递到驾驶舱的撞击力，达到保护车内乘员的目的。

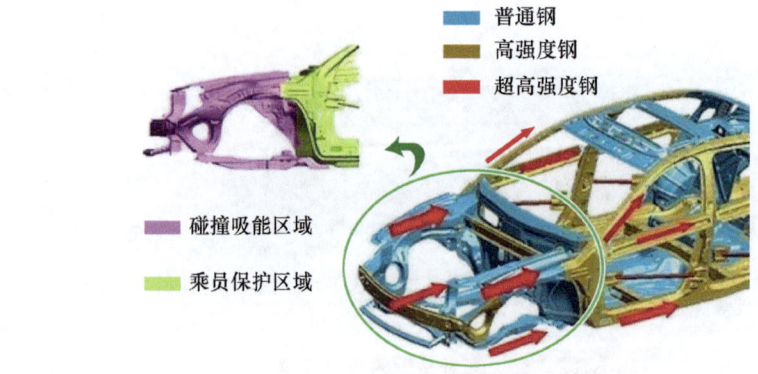

▲ 图3-99 正面碰撞溃缩吸能示意图

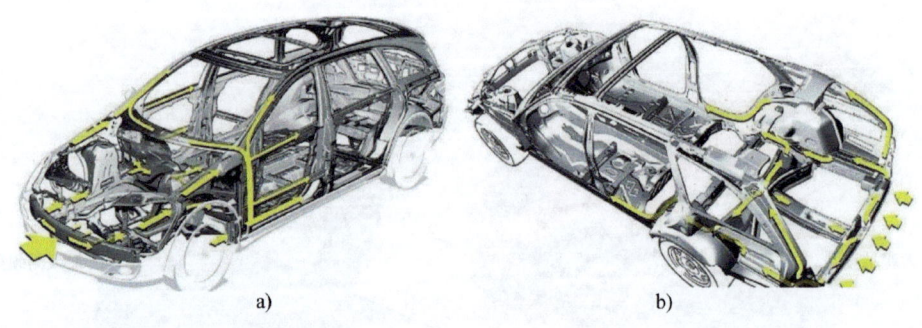

▲ 图3-100 汽车撞击力分散与转移
a）正面撞击冲力分散示意图 b）后面撞击冲力分散示意图

为了保护驾乘人员受侧面的撞击，每个车门上都安装有车门防撞梁，如图3-101所示。因为在受到侧面撞击时，驾乘人员的身体与车门间没有过多的空间作为缓冲（不同于正面撞击，驾乘人员前方还有一定的空间作为缓冲），直接会受到外力的侵害，所以防撞梁的强度越高，对驾乘人员的防护就越好。

▲ 图3-101　车门防撞梁

思考与练习

一、填空题

1. 汽车车身按结构可分为_____式车身和_____式车身两类。
2. 轿车的发动机舱、驾驶舱、行李舱分别称为轿车的"厢"，如这三个厢是相互独立的，就称为_____车，如果驾驶舱和行李舱是结合在一起的，则称为_____车。
3. 表示汽车通过性的参数主要有_____角、_____角、最大爬坡度、最大侧倾角、_____间隙和最大涉水深度等。

二、判断题

1. 车身指的是车辆用来载人装货的部分。　　　　　　　　　　　　　　（　　）
2. 车身如果具有合理的外形，在汽车行驶时能有效地引导周围的气流，能减少空气阻力和燃料消耗。　　　　　　　　　　　　　　　　　　　　　　　　（　　）
3. 承载式车身具有质量小、高度低的特点，因此广泛应用于载重货车上。（　　）
4. 轮距是指左右车轮最外侧的距离。　　　　　　　　　　　　　　　　（　　）
5. 车门碰撞保护方式是在每个车门上都安装车门防撞梁。　　　　　　　（　　）

三、选择题

1. 下列不是非承载式车身特点的是（　　）。
   A. 底盘的强度较高　　　　　　　　B. 用在越野车上
   C. 车身不容易扭曲变形　　　　　　D. 质量小
2. 下列不是承载式车身特点的是（　　）。
   A. 没有大梁　　　　　　　　　　　B. 比较笨重
   C. 安全性较好　　　　　　　　　　D. 车身较容易发生变形
3. 不是车身碰撞后保护方式的是（　　）
   A. 车身溃缩　　　B. 撞击力分散　　　C. 车身折断　　　D. 撞击力转移
4. 不是车身外形尺寸的是（　　）。
   A. 最大爬坡度　　B. 车宽　　　　　　C. 车高　　　　　D. 车身总长

第四章 / Chapter 4
汽车的发展方向

第一节 节能与新能源汽车的认知

一、节能与新能源汽车发展的必要性

1. 石油短缺

到 2020 年全球汽车保有量将达到 12 亿辆，主要增量来自发展中国家。国际能源机构（IEA）的统计数据表明，2001 年全球 57% 的石油消费在交通领域（其中美国达到 67%）。预计到 2020 年交通用油占全球石油总消耗的 62% 以上。美国能源部预测，2020 年以后，全球石油需求与常规石油供给之间将出现净缺口，2050 年的供需缺口几乎相当于 2000 年世界石油总产量的两倍。

我国石油对外依存度每年都在不断攀升。据统计，目前汽车用汽/柴油消费占全国汽/柴油的比例已经达到了 55% 左右，每年新增石油消费量的 70% 以上被新增汽车所消耗。

2. 环境污染

燃油汽车在行驶过程中，会产生大量有害气体，不但污染环境，还严重影响人类健康。汽车尾气排放的主要污染物为一氧化碳（CO）、碳氢化合物（HC）、氮氧化物（NOX）、铅（Pb）、细微颗粒物及硫化物等。这些一次污染物还会通过大气化学反应生成光化学烟雾、酸沉降等二次污染物，如图 4-1 所示。

▲ 图 4-1 汽车排放污染

3. 气候变暖

能源的大量消耗带来温室气体排放问题。二氧化碳是全球最重要的温室气体，是造成气候变化的主要原因，而它主要来自化石燃料的燃烧。

二、节能与新能源汽车的定义

根据《新能源汽车生产企业及产品准入管理规则》，在 2009 年出现了"新能源汽车"新概念。新能源汽车包括纯电动汽车、混合动力电动汽车、燃料电池电动汽车（FCEV）、氢发动机汽车、其他新能源（如高效储能器、二甲醚）汽车等各类别产品。主要特征是采用非常规的车用燃料作为动力来源（或使用常规的车用燃料、采用新型车载动力装置），综合车辆的动力控制和驱动方面的先进技术，具有新技术、新结构的汽车。

根据《节能与新能源汽车产业发展规划（2012—2020年）》，在2012年沿用"新能源汽车"名词。新能源汽车包括纯电动汽车、插电式混合动力电动汽车和燃料电池电动汽车。普通混合动力汽车属于节能汽车，不属于新能源汽车范畴。新能源汽车主要特征是采用新型动力系统，完全或主要依靠新能源驱动的汽车。节能汽车是指以内燃机为主要动力系统，综合工况燃料消耗量优于下一阶段目标值的汽车。

2017年1月6日，工信部颁布了《新能源汽车生产企业及产品准入管理规定》，规定所指新能源汽车，是指采用新型动力系统，完全或者主要依靠新型能源驱动的汽车，包括插电式混合动力（含增程式）汽车、纯电动汽车和燃料电池汽车等。

2018年，国家发展改革委员会发布《汽车产业投资管理规定》正式确认：自2019年1月10日起实施，在整车投资项目领域，混合动力汽车、插电式混合动力汽车将划归为燃油汽车一类，电动汽车只针对由电机驱动的汽车，主要指增程式电动汽车、燃料电池电动汽车、纯电动汽车等。

三、节能与新能源汽车的种类

1. 混合动力汽车

混合动力汽车是指车上有两个动力源，即采用传统燃料发动机同时配以电机来驱动汽车，从而改善低速动力输出和燃油消耗的车型。如比亚迪秦（图4-2）、唐；丰田卡罗拉双擎等。

2. 纯电动汽车

纯电动汽车是指驱动能量完全由电能提供的、由电机驱动的汽车。电机的驱动电能来源于车载可充电储能系统或其他能量储存装置，如特斯拉（图4-3），北汽新能源EV、EU系统，比亚迪纯电系列等。

▲ 图4-2 比亚迪秦

3. 燃料电池汽车

燃料电池汽车是指利用氢气等燃料和空气中的氧在催化剂的作用下在燃料电池中经电化学反应产生电能，并作为主要动力源驱动的汽车。如丰田Mirai（图4-4）、现代ix35 FCEV等车型。

▲ 图4-3 特斯拉 Model S

▲ 图4-4 丰田 Mirai

四、纯电动汽车

1. 纯电动汽车的组成

纯电动汽车主要由电力驱动及控制系统、驱动力传动等机械系统和完成既定任务的工作装置等组成。其中电力驱动及控制系统是电动汽车的核心，也是区别于传统汽车的最大不同点。电力驱动及控制系统主要由动力蓄电池、驱动电机、电机控制器和DC/DC变换器等组成，如图4-5所示。

（1）**动力蓄电池** 它为电动汽车的驱动电机提供电能，目前市场上大部分的新能源汽车均采用锂离子蓄电池作为动力蓄电池，如图4-6所示，它由多个单体蓄电池串联叠置组成，总电压可以超过400V。

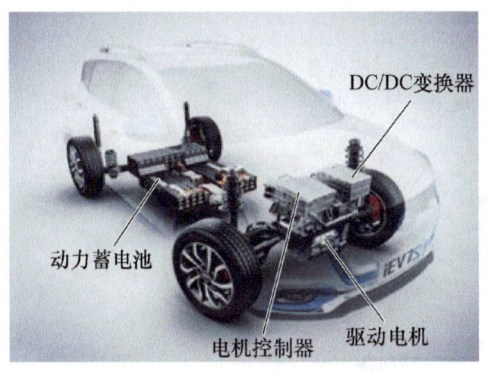

▲ 图4-5 纯电动汽车的组成

▲ 图4-6 动力蓄电池

（2）**驱动电机** 它将动力蓄电池的电能转化为机械能，向外输出转矩，驱动汽车前进或后退；还可以在汽车滑行、制动过程中将动能转化为电能存储在动力蓄电池中，如图4-7所示。

（3）**电机控制器** 它的功用是控制驱动电机的电压或电流，完成驱动电机的转速、转矩和旋转方向的控制，如图4-8所示。

（4）**DC/DC变换器** 它的功用是将动力蓄电池的高压直流电转变成汽车车身用电设备所需要的12V低压直流电，如图4-9所示。

▲ 图4-7 驱动电机

2. 纯电动汽车的结构类型

（1）**机械传动型纯电动汽车** 保留了内燃机汽车的传动系统，只是把内燃机换成了驱动电机。这种结构可以提高纯电动汽车的起动转矩及低速时的后备功率，对驱动电机要求低，可选择功率较小的驱动电机，如图4-10所示。

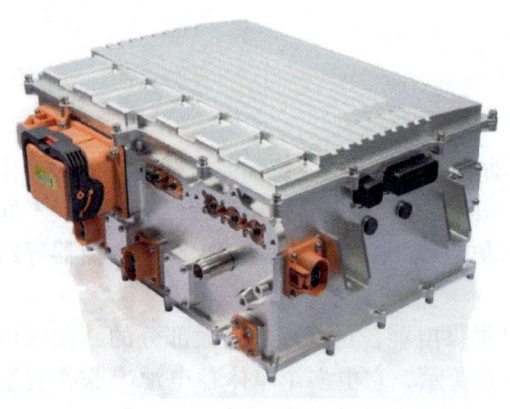

▲ 图 4-8 电机控制器

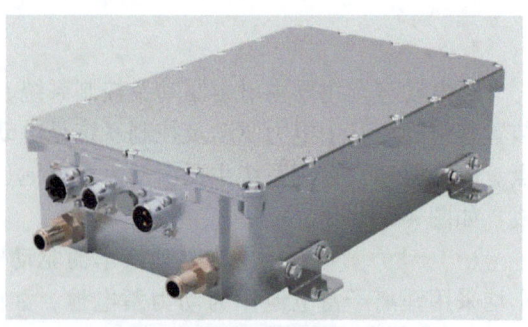

▲ 图 4-9 DC/DC 变换器

(2) 无变速器型纯电动汽车　驱动系统的最大特点是取消了离合器和变速器，驱动电机直接与减速器、差速器相连，如图 4-11 所示。这种结构的优点是机械传动装置的质量较轻、体积较小，但对驱动电机的要求较高，不仅要求有较高的起动转矩，而且要求较大的后备功率，以保证纯电动汽车的起步、爬坡、加速等性能。例如：北汽新能源、特斯拉 Model S 等车型均采用此种传动方式。

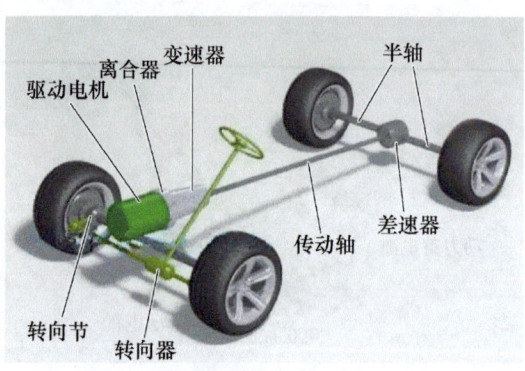

▲ 图 4-10 机械传动型纯电动汽车

(3) 无差速器型纯电动汽车　它的结构是采用两个轮边电机，通过固定速比减速器分别驱动两个车轮，每个电机的转速可以独立调节，如图 4-12 所示。

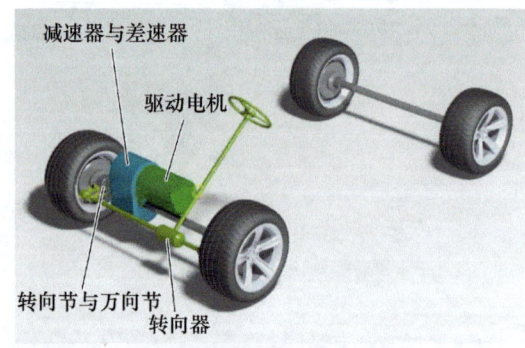

▲ 图 4-11 无变速器型纯电动汽车

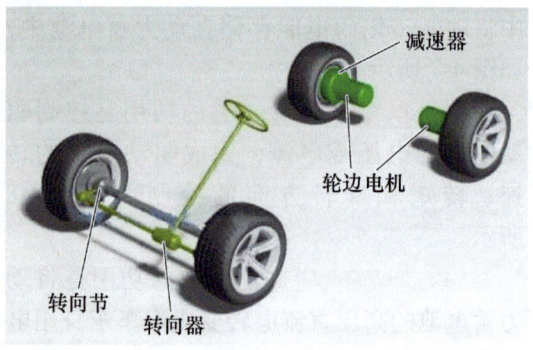

▲ 图 4-12 无差速器型纯电动汽车

3. 纯电动汽车的优点

(1) 无污染、噪声小　纯电动汽车没有燃油汽车工作时产生的废气，不产生排气污染，对环境保护和空气的洁净是十分有益的，几乎是"零污染"。纯电动汽车没有内燃机产生的噪声，驱动电机产生的噪声也较内燃机小得多。

（2）**使用成本低** 纯电动汽车相对于混合动力汽车和燃料电池汽车，纯电动汽车用驱动电机代替了内燃机；且使用单一的电能源，电控系统相比混合动力汽车大为简化，降低了成本，也可补偿动力蓄电池的部分价格的上涨。

（3）**结构简单，维修方便** 纯电动汽车较燃油汽车结构简单，运转、传动部件少，维修工作量小。驱动电机一般无须维护，更重要的是纯电动汽车易操纵。

（4）**能量转换效率高** 纯电动汽车可回收制动以及下坡时的能量，提高能量的利用效率。

4. 纯电动汽车的缺点

（1）**续驶里程短** 一般国内的纯电动汽车的续驶里程多为200～400km，再加上天气、路况、动力蓄电池等方面因素，实际的续驶里程约为300km。

（2）**充电时间长** 一般正常的充电时间为8h左右，快速充电也得需要1～2h。

（3）**配套设施不完善** 目前，国内的充电站还比较少，还需要一段比较长的时间建设配套基础设施。

五、混合动力汽车

1. 混合动力汽车的特点

1）采用混合动力后可按平均需要的功率来确定内燃机的最大功率，此时处于油耗低、污染少的最优工况下工作。当需要大功率而内燃机功率不足时，由动力蓄电池输电给电机来补充；当负荷小时，富余的功率可发电给动力蓄电池充电。由于内燃机可持续工作，动力蓄电池又可以不断得到充电，故其行程和普通汽车一样。

2）因为有了电机和动力蓄电池，可以十分方便地回收制动、下坡以及怠速时的能量。

3）在繁华市区，可关停内燃机，由动力蓄电池和电机单独驱动，实现"零排放"。

4）内燃机可以十分方便地解决耗能大的空调、取暖、除霜等设备用电问题。

5）可以利用现有的加油站加油，不必再投资。

6）可让动力蓄电池保持在良好的工作状态，不发生过充电、过放电情况，能延长动力蓄电池使用寿命，降低成本。

2. 混合动力汽车的类型

（1）**串联式混合动力汽车** 是指将发动机、发电机、电机和动力蓄电池等部件用串联的方式连接，也叫增程式电动系统，它接近于纯电动系统，如图4-13所示。它的动力来源于电机，发动机只能驱动发电机发电，并不能直接驱动车辆行驶。因此，串联结构中电机功率一般要大于发动机功率，这样才能满足车辆的行驶需求。所以，通俗地讲，串联式混动结构即电机+发动机=串联。它的特点是结构简单、布置灵活、没有变速器、发动机不直接提供动能。

（2）**并联式混合动力汽车** 是指将发动机、发电机、电机和动力蓄电池等部件用并联的方式连接，如图4-14所示。它可用发动机或者电机单独驱动，也可由发动机和电机共同驱动。并联式结构保留了变速器，因此，通俗地讲，并联式混动结构即普通汽车+电机=并联。它的特点是驱动模式较多，发动机作为动力源，没有独立的发电机。

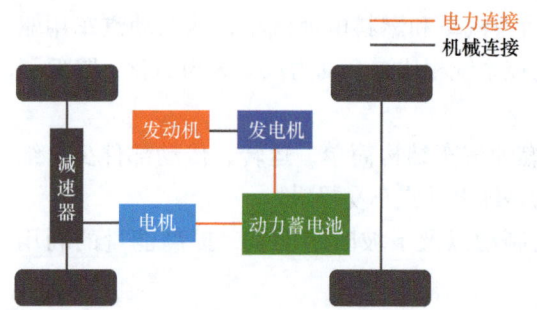

▲ 图4-13　串联式混合动力汽车示意图

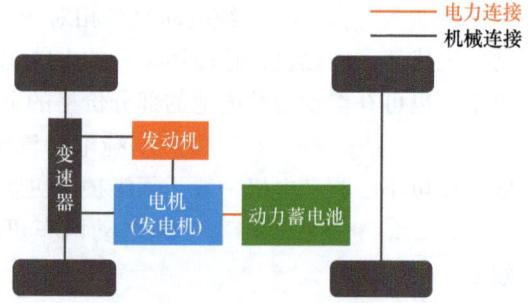

▲ 图4-14　并联式混合动力汽车示意图

（3）混联式混合动力汽车　是指将发动机、发电机、电机和动力蓄电池、变速器等部件用既有串联也有并联的方式连接，如图4-15所示。它在发动机和电机协同驱动汽车行驶的同时发动机还能带动发电机为动力蓄电池充电，并且理论上它能够实现发动机带动发电机发电，电机驱动汽车行驶的模式，而且两个动力单元也能够单独驱动车辆。它的特点是两种传动装置良好的组合可以使内燃机始终在其最佳运行范围内工作，缺点是传动控制复杂且成本较高。

（4）插电式混合动力汽车　是指一种可外接充电的混合动力汽车，通过生活中的电源插头就能给动力蓄电池充电，只不过由于

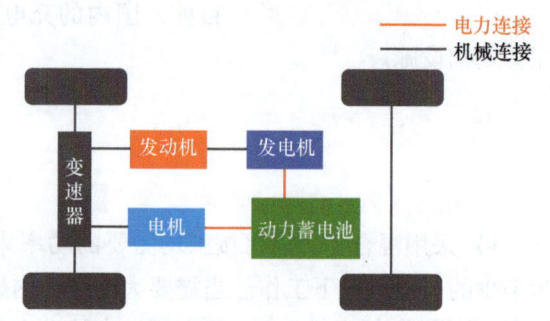

▲ 图4-15　混联式混合动力汽车示意图

动力蓄电池不方便取下，所以要提供专门的充电设施，结构如图4-16所示。

插电式混合动力汽车具有普通混合动力汽车与纯电动汽车的基本功能特征，也与普通混合动力汽车有一定区别。它的动力蓄电池相对比较大，可以直接外部充电，可以用纯电模式行驶，动力蓄电池电量耗尽后再以发动机为主的混合动力模式行驶，并适时向动力蓄电池充电。而普通混合动力车的动力蓄电池容量比较小，仅在起停、加减速的时候供应和回收能量，不能外部充电，不能在纯电模式下较长距离行驶。

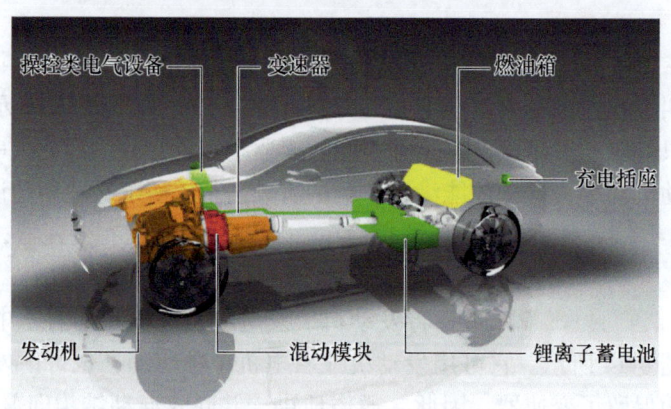

▲ 图4-16　插电式混合动力汽车结构

六、燃料电池汽车

燃料电池汽车实质上是电动汽车的一种，在车身、动力传动系统、控制系统等方面，燃料电池汽车与普通电动汽车基本相同，主要区别在于动力蓄电池的工作原理不同，是以燃料电池系统作为单一动力源或者是以燃料电池系统与可充电储能系统作为混合动力源的电动汽车。

1. 燃料电池的反应机理

燃料电池的反应机理是将燃料中的化学能不经过燃烧直接转化为电能，即通过电化学反应将化学能转化为电能，实际上就是电解水的逆过程，通过氢氧的化学反应生成水并释放电能，如图4-17所示。电化学反应所需的还原剂一般采用氢气，氧化剂则采用氧气，因此，最早开发的燃料电池汽车多是直接采用氢燃料，氢气的储存可采用液化氢和压缩氢气等形式。

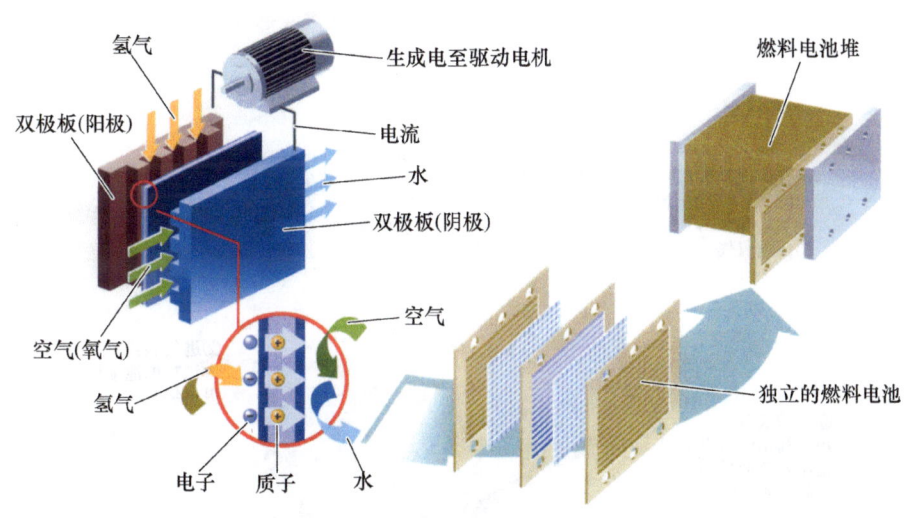

▶ 图4-17 燃料电池的反应机理图

燃料电池的反应不经过热机过程，能量转化效率高。它的排放主要是水，非常清洁，不产生任何有害物质。因此，燃料电池技术的研究和开发备受各国政府与各大公司的重视。

2. 燃料电池汽车的结构

燃料电池汽车简单的工作过程是将从加氢站加入的高压氢气储存到氢气罐中，然后再输送到燃料电池堆中通过化学反应产生电能，再提供给驱动电机转化为机械能驱动汽车行驶，如图4-18所示。实际汽车上是一个非常复杂的系统，图4-19为现代ix35 FCEV燃料电池汽车透视图，它主要由储氢罐、进气装置、燃料电池堆栈、驱动电机、排放装置和动力蓄电池等组成，如图4-20所示。

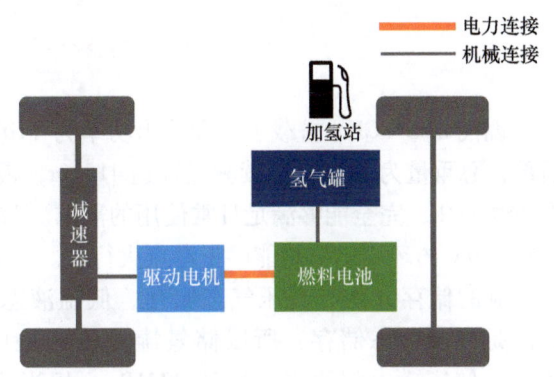

▶ 图4-18 燃料电池汽车结构示意图

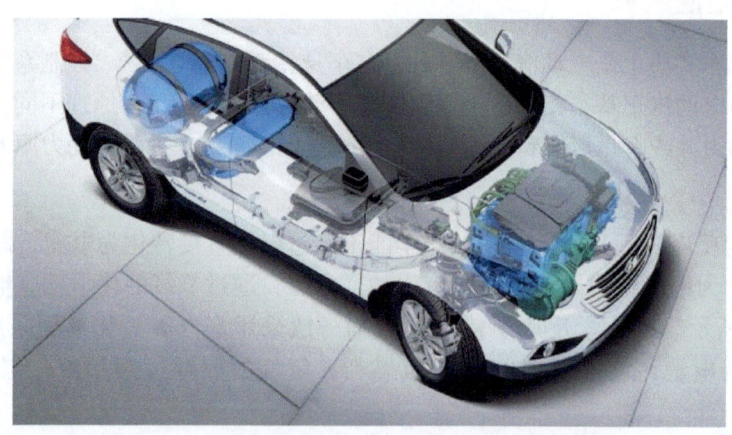

▲ 图 4-19 现代 ix35 FCEV 燃料电池汽车透视图

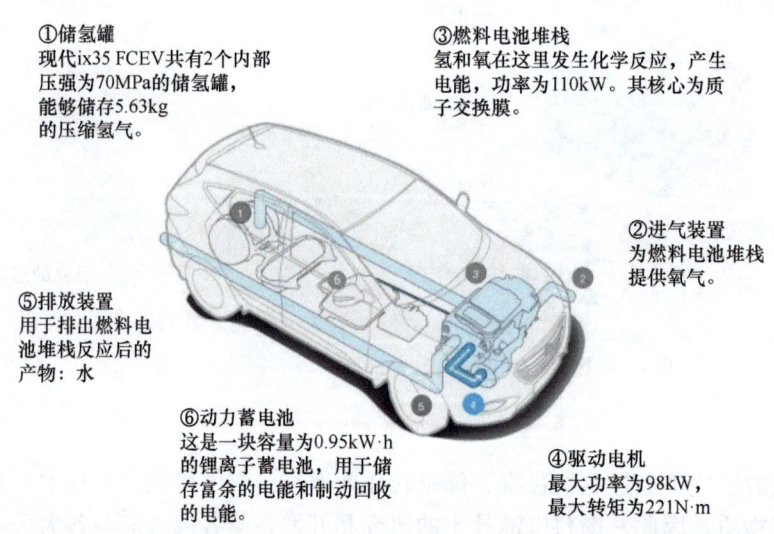

①储氢罐
现代ix35 FCEV共有2个内部压强为70MPa的储氢罐，能够储存5.63kg的压缩氢气。

③燃料电池堆栈
氢和氧在这里发生化学反应，产生电能，功率为110kW。其核心为质子交换膜。

⑤排放装置
用于排出燃料电池堆栈反应后的产物：水

②进气装置
为燃料电池堆栈提供氧气。

⑥动力蓄电池
这是一块容量为0.95kW·h的锂离子蓄电池，用于储存富余的电能和制动回收的电能。

④驱动电机
最大功率为98kW，最大转矩为221N·m

▲ 图 4-20 现代 ix35 FCEV 燃料电池汽车结构图

现代 ix35 FCEV 搭载了一套输出功率为 110kW 的燃料电池系统，两个储氢罐位于车身后部，总重量为 5.63kg，续驶里程达 415km，最大功率 98kW，最大扭矩 221N·m，最高速度 160km/h，完全能够满足日常使用的需求。与普通燃油车型相比，ix35 FCEV 另一大优势是在 -20℃ 的环境中依然能够正常点火行驶。

氢的储存方法有高压气态储存、低温液态储存和固态储存三种，目前大规模应用的方法是高压气态储存，所以储氢罐里装的是压缩氢气，而非液态氢。为了减小氢气的体积，储氢罐内部的压强达到 70MPa，相当于 690 个大气压，也就是水下 6900m 处压强值。

第四章　汽车的发展方向

思考与练习

一、填空题

1. 新能源汽车包括_____汽车、插电式混合动力汽车和_____汽车，主要特征是采用新型动力系统，完全或主要依靠新能源驱动的汽车。
2. 纯电动汽车电力驱动及控制系统主要由_____、_____、电机控制器和DC/DC变换器等组成。
3. 混合动力汽车的类型有串联式混合动力汽车、_____、混联式混合动力汽车和_____等几类。

二、判断题

1. 汽车尾气排放污染物为一氧化碳（CO）、碳氢化合物（HC）、氮氧化物（NO）等。（　　）
2. 混合动力汽车是指车上有三个动力源。（　　）
3. 燃料电池汽车是指利用氧气在燃料电池中经电化学反应产生的电能，并作为主要动力源驱动的汽车。（　　）
4. 动力蓄电池输出的电压是低压电，对人身安全没有影响。（　　）
5. 驱动电机的功用是将动力蓄电池的电能转化为机械能，驱动汽车前进或后退。（　　）
6. 插电式混合动力汽车是指可通过生活中的电源插头进行充电的汽车。（　　）
7. 串联式混合动力汽车是指将发动机、发电机、电机和动力蓄电池等部件用串联的方式连接，也叫增程式电动汽车。（　　）

三、选择题

1. 造成全球气候变暖的温室气体是（　　）。
   A. 一氧化碳（CO）　B. 二氧化碳（CO_2）　C. 碳氢化合物（HC）　D. 氮氧化物（NOX）
2. 下列（　　）不是纯电动汽车电力驱动及控制系统的组成部件。
   A. 辅助蓄电池　　B. 驱动电机　　C. 电机控制器　　D. DC/DC变换器
3. 下列不是纯电动汽车优点的是（　　）。
   A. 无污染、噪声小　B. 使用成本低　C. 结构简单，维修方便　D. 续驶里程长
4. 下列不是纯电动汽车缺点的是（　　）。
   A. 续驶里程短　　　　　　　　　　B. 结构简单
   C. 充电配套设施不完善　　　　　　D. 充电时间长
5. 目前市面上很多车型采用的纯电动汽车结构类型是（　　）。
   A. 机械传动型　　B. 无变速器型　　C. 无差速器型　　D. 轮毂电机型
6. 燃料电池汽车需要加注（　　），才能行驶。
   A. 氧气　　　　　B. 氮气　　　　　C. 氢气　　　　　D. 碳氢
7. 从环保和可持续的角度考虑你认为最理想的汽车是（　　）。
   A. 传统燃料汽车　　　　　　　　　B. 插电式混合动力汽车
   C. 纯电动汽车　　　　　　　　　　D. 燃料电池汽车

第二节 智能汽车的认知

汽车工业巨变如期而至,汽车生态将发生质的改变,未来趋势将围绕人、车及环境的安全、环保和经济高效展开,汽车智能化发展已成为行业变革的重中之重。

一、智能汽车的定义

智能汽车是一个集环境感知、规划决策、多等级辅助驾驶等功能于一体的综合系统,它集中运用了计算机、现代传感、信息融合、通信、人工智能及自动控制等技术,是典型的高新技术综合体。目前对智能汽车的研究主要致力于提高汽车的安全性、舒适性以及提供优良的人车交互界面。近年来,智能汽车已成为世界车辆工程领域研究的热点和汽车工业增长的新动力,很多发达国家都将其纳入到各自重点发展的智能交通系统当中。

所谓"智能车辆",就是在普通车辆的基础上增加了先进的传感器、控制器、执行器等装置,通过车载传感系统和信息终端实现与人、车、路等的智能信息交换,使车辆具备智能的环境感知能力,能够自动分析车辆行驶的安全及危险状态,并使车辆按照人的意愿到达目的地,最终实现替代人来操作,达到多元化驾乘环境,如图 4-21 所示。

▲ 图 4-21 自动驾驶多元化驾乘环境

二、智能汽车发展的必要性

1. 提高驾驶安全性

根据世界卫生组织发布的《2015 年全球道路安全现状报告》，全球每年有 125 万人死于道路交通事故。据统计，由人的因素造成的交通事故占总事故量的 95.3%，其中因机动车驾驶人的过失造成交通事故的占 87.5%，非机动车驾驶人占 4.7%，行人、乘客占 5.19%，其他人员占 2.63%。

智能汽车可采用车路协同系统通过车载传感设备实时感知驾驶情况，为驾驶人提供提前预警，最快时间地察觉潜在交通危险，提前由驾驶人或智能驾驶执行系统替代做出反应，可有效降低人为因素及传统自主安全系统操作受限的影响。此外，结合驾驶辅助的主动安全技术，实现车路间有效协调，降低突发意外的发生概率。自动、无人驾驶汽车更是以"零事故"作为规划发展目标。安全性的提高是智能汽车发展的重中之重，其次是驾驶的舒适性。

2. 改善交通、城市规划

未来互联式自动驾驶的实现是依靠综合智能交通基础设施建设、车内/车间通信技术的全方位系统性工程。城市、交通基础设施建设将与智能汽车配套发展，将有效提高道路容量及出行效率。

3. 降低能源消耗

智能汽车能有效统筹车辆使用，提高车辆使用效率。此外智能汽车可以根据实时路况自动选择最佳路径，减少能源消耗等。

三、智能汽车技术分级

关于智能汽车的自动化程度，各国和机构有不同的分类定义。美国国家公路交通安全管理局（NHTSA）将其分为 Level 0~Level 4 共 5 个等级；美国汽车工程师学会（SAE）采用 Level 0~Level 5 共 6 个等级，见表 4-1。

下面以 NHTSA 的分级为例，介绍一下智能汽车的自动化程度分级。

（1）Level 0：完全人类驾驶 该层次汽车的驾控主体为驾驶人，在任何道路、环境条件下，均由驾驶人进行感知、操纵、监控，包括转向盘、加速踏板、制动踏板。

（2）Level 1：辅助驾驶 该层次汽车的驾控主体为驾驶人和机器，在限定道路、环境条件下，汽车具有一个或多个特殊自动控制功能，例如自适应巡航控制系统、车道保持辅助系统等，但感知接管、监控干预仍需驾驶人完成。

（3）Level 2：部分自动驾驶 该层次汽车的驾控主体为机器，在限定道路、环境条件下，汽车具有至少两个控制功能融合在一起实现的系统，不需要驾驶人对这些功能进行控制，但驾驶人仍需要一直对周围环境感知，并监视系统情况，准备在紧急情况下进行人工干预。

（4）Level 3：有条件自动驾驶 该层次汽车的驾控主体为机器，在限定道路、环境条件下，汽车能够让驾驶人完全不用控制汽车，而且可以自动检测环境的变化以判断是否返回驾驶人驾驶模式，驾驶人无须一直对系统进行监视，但仍需在紧急情况下进行人工干预。

（5）Level 4：完全自动驾驶 该层次汽车的驾控主体为机器，在任何道路、环境条件下，系统完全自动控制车辆，乘坐人员只需输入目的地，系统自动规划路线，检测道路环境，最终到达目的地。规划到 2025 年达到该级别。

表 4-1　自动驾驶系统分级

SAE 分级	NHTSA 分级	SAE命名	功能			区域	
			驾控主体	感知接管	监控干预	道路条件	环境条件
Level 0	Level 0	完全人类驾驶	人	人	人	任何	任何
Level 1	Level 1	辅助驾驶	人/机器	人	人	限定	限定
Level 2	Level 2	部分自动驾驶	机器	人	人	限定	限定
Level 3	Level 3	有条件自动驾驶	机器	机器	人	限定	限定
Level 4	Level 4	高度自动驾驶	机器	机器	机器	限定	限定
Level 5		完全自动驾驶	机器	机器	机器	任何	任何

四、智能网联汽车的认识

1. 智能网联汽车的定义

智能网联汽车是智能汽车与车联网的有机联合，它搭载先进的车载传感器、控制器、执行器等装置，并融合通信与网络技术，实现车与人、车与车、车与路、车与后台等智能信息交换共享，使车辆具备复杂的环境感知、智能决策、协同控制和执行等功能，可实现安全、舒适、节能、高效行驶，并最终可替代人来操作的新一代汽车。

2. 智能网联汽车的结构

智能网联汽车＝自主式智能汽车＋网联式汽车，如图 4-22 所示。

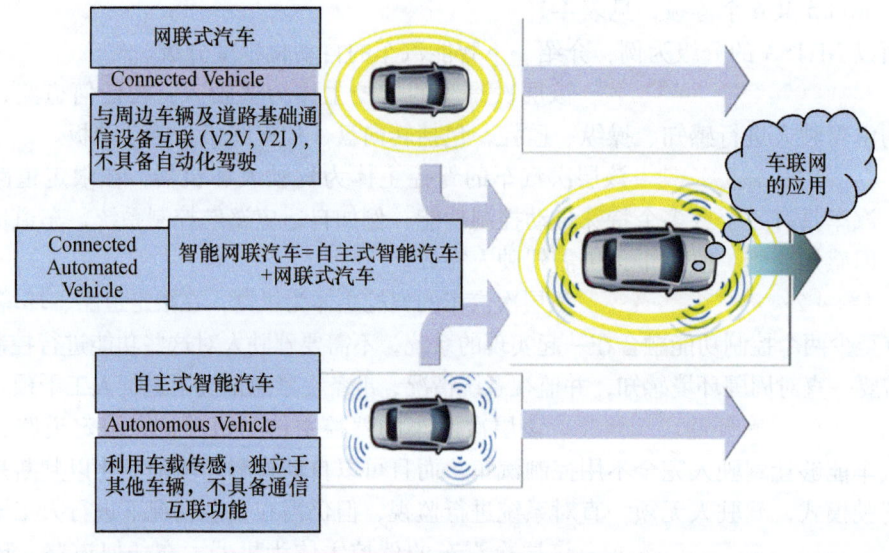

▲ 图 4-22　智能网联汽车

第四章 汽车的发展方向

（1）**自主式智能汽车** 它利用传感器技术来感知周围行车环境及车辆行驶状态，自动规划行车路线，自主控制车辆的行驶方向和速度，使车辆安全可靠地到达预定目的地。换言之，无人驾驶汽车依靠人工智能、视觉计算、雷达、监控装置和全球定位系统协同合作，目的是让电脑在没有任何人类主动操作下自动安全地操作机动车辆，如图 4-23 是谷歌自主式智能汽车的结构，它在行驶过程中对周围环境感知如图 4-24 所示。

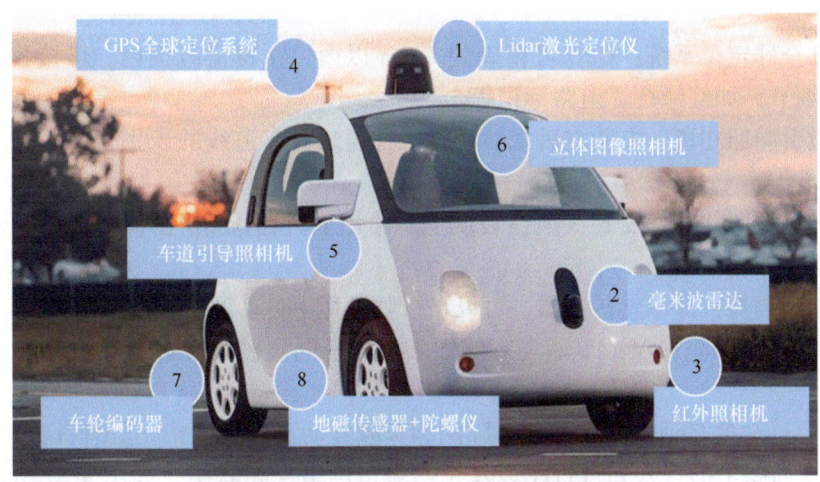

▲ 图 4-23　谷歌自主式智能汽车的结构

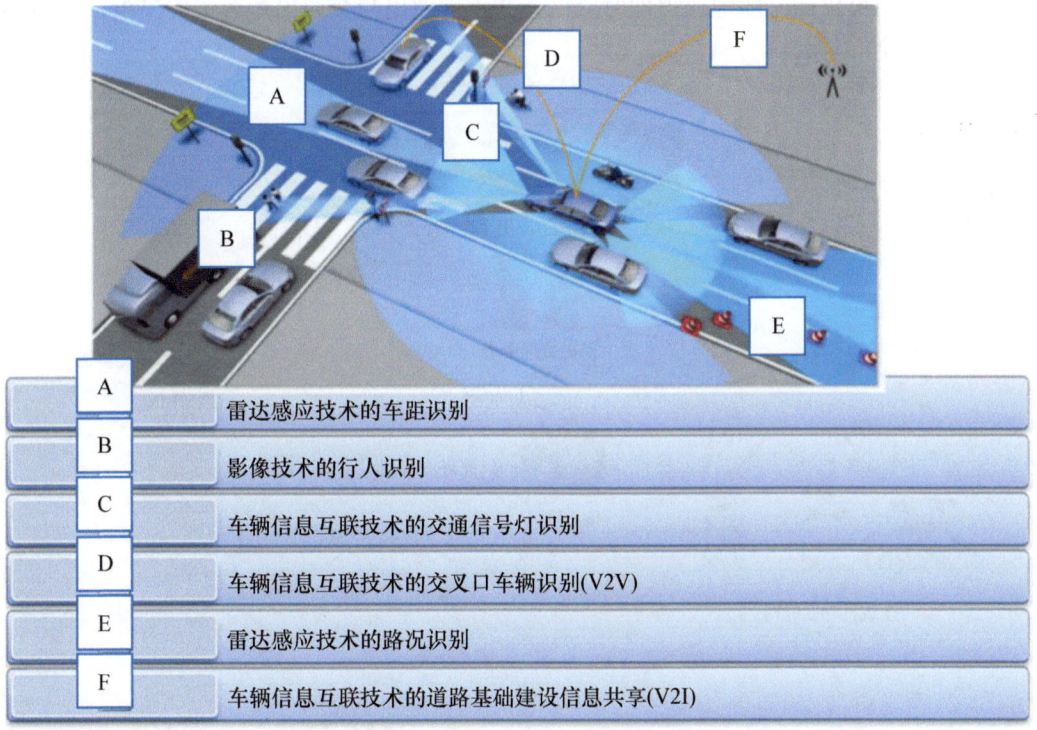

A	雷达感应技术的车距识别
B	影像技术的行人识别
C	车辆信息互联技术的交通信号灯识别
D	车辆信息互联技术的交叉口车辆识别(V2V)
E	雷达感应技术的路况识别
F	车辆信息互联技术的道路基础建设信息共享(V2I)

▲ 图 4-24　自主式智能汽车周围环境感知示意图

1）Lidar 激光定位仪：激光扫描实时覆盖汽车周围 360°内区域，形成 3D 地图，距离可精确到 2cm 以内。

2）毫米波雷达：分装在车身四周，实时探测如车距、盲点等周边驾驶环境，对相应潜在行车风险进行提示。

3）红外照相机：红外线光速传来的信号由照相机进行检测并以图像形式在仪表盘上显示。

4）GPS 全球定位系统：GPS 可精确到 1.9m 以内，在覆盖范围内，可接收、检测、识别各类驾驶细节，如红绿灯、道路标识等。

5）车道引导照相机：安装在后视镜后方，将通过对车道线的识别，以区分路面和车道边界线。

6）立体图像照相机：安装在风窗玻璃上，给出前方路况 3D 图像，并标示动、静态物体潜在危险状况。

7）车轮编码器：即车轮传感器，可以在行驶过程中自动调节行驶速度。

8）地磁传感器+陀螺仪：车辆姿态感知，感应不同驾驶路况和行驶规划，自动做出车身姿态调整。

(2) 车联网　它是通过车内网、车际网和车载移动互联网收集、处理并共享大量信息，将车与车、车与路上的行人和自行车以及车与城市网络互相联结，如图 4-25 所示，使汽车具备高度智能的车载信息系统，并且可以与城市交通信息网络、智能电网以及社区信息网络全部联结，从而可以随时随地获得即时资讯，并正确做出与交通出行有关的决策，从而实现更智能、更安全的驾驶。

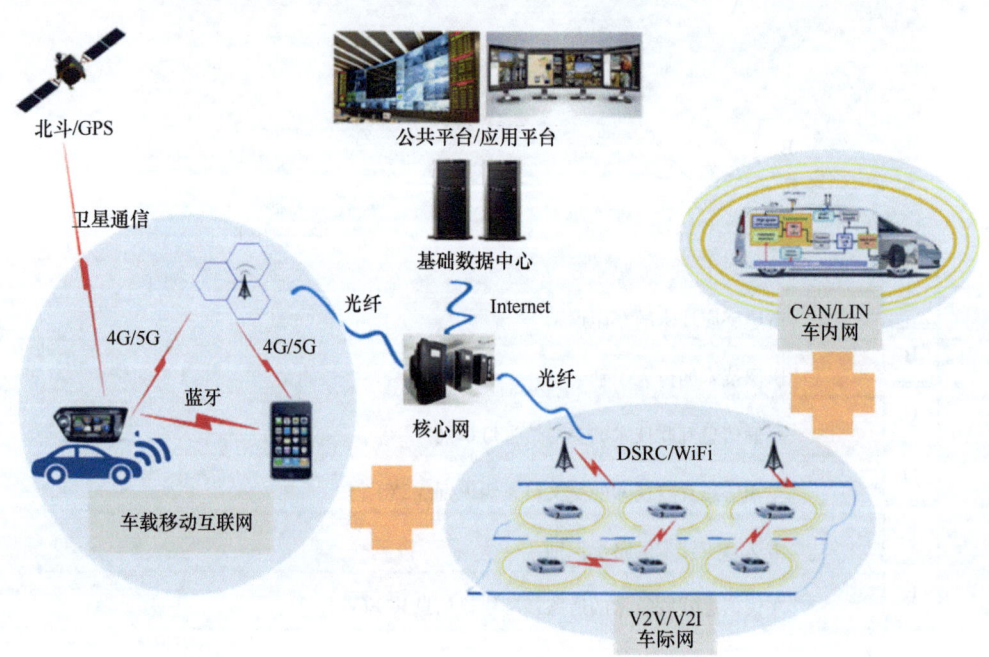

▶图 4-25　车联网示意图

第四章　汽车的发展方向

思考与练习

一、填空题

1. 智能网联汽车是指搭载先进的车载_____、控制器、_____等装置，并融合_____技术，实现车与人、车与车、车与路、车与后台等智能信息交换共享的具备自动驾驶功能的新一代汽车。

2. 智能网联汽车是_____汽车与_____的有机联合。

二、判断题

1. 智能网联汽车是可部分替代或完全替代人驾驶的汽车。　　　　　　（　　）
2. 智能汽车能提高驾驶安全性；改善交通、城市规划和降低能源消耗。（　　）
3. 自主式智能汽车配置各类传感器以便监控车辆周围环境。　　　　　（　　）
4. 无人驾驶利用传感器技术来感知周围行车环境及车辆行驶状态，自动规划行车路线，自主控制车辆的行驶方向和速度，使车辆安全可靠地到达预定目的地。（　　）

三、选择题

1. 美国将智能汽车发展规划为五个阶段，其中到（　　）年可以实现完全自动驾驶。
A. 2020　　　　　　B. 2025　　　　　　C. 2028　　　　　　D. 2030

2. V2V 是（　　）的简称。
A. 车车通信　　　　B. 车路通信　　　　C. 车与外界　　　　D. 高级驾驶辅助系统

参 考 文 献

[1] 余明星，张宏立. 汽车文化与概论［M］. 北京：人民交通出版社，2012.
[2] 代洪，陈生权. 汽车文化与概论［M］. 武汉：华中科技大学出版社，2018.
[3] 谭本忠. 汽车文化与概论［M］. 济南：山东科学技术出版社，2014.